2023年度江苏省高校哲学社会科学研究一般项目《生命周期视角下高职学生就业技能差异化发展问题研究》(项目批准号:2023SJSZ0628)

Gaozhi Yuanxiao

Wenhua Jianshe Shijian Yu Tansuo

高职院校
文化建设实践与探索

韩鹤进 著

·南京·

图书在版编目(CIP)数据

高职院校文化建设实践与探索 / 韩鹤进著. — 南京：东南大学出版社，2023.8

ISBN 978-7-5766-0595-2

Ⅰ. ①高… Ⅱ. ①韩… Ⅲ. ①高等职业教育一校园文化一研究一中国 Ⅳ. ①G718.5

中国版本图书馆 CIP 数据核字(2022)第 254783 号

责任编辑:张丽萍　**责任校对**:张万莹　**封面设计**:毕　真　**责任印制**:周荣虎

高职院校文化建设实践与探索

Gaozhi Yuanxiao Wenhua Jianshe Shijian Yu Tansuo

著　者	韩鹤进
出版发行	东南大学出版社
社　址	南京市四牌楼 2 号　邮编:210096
出 版 人	白云飞
网　址	http://www.seupress.com
电子邮箱	press@seupress.com
经　销	全国各地新华书店
印　刷	广东虎彩云印刷有限公司
开　本	700 mm×1000 mm 1/16
印　张	12.5
字　数	205 千字
版　次	2023 年 8 月第 1 版
印　次	2023 年 8 月第 1 次印刷
书　号	ISBN 978-7-5766-0595-2
定　价	38.00 元

前 言

为党育人、为国育才，是高职院校办学治校的基本任务。对于如何把立德树人根本任务落到实处，深入推进文化育人工作，努力为社会培养高素质的技术技能人才，办人民满意的高职教育，每个高职院校都有着自己的校本实践探索。这是一项系统性层次化推进的建设事业。作为一种亚文化建设，从环境来讲，高职院校文化育人面对着区域地方、行业企业、校园课堂、家庭社会等，存在着不同圈层文化生态信息能量的交流交锋；从参与主体来讲，关系着有关地方政府、市场企业、学校学生等多方主体的利益协调协同。立足区域办学、服务行业发展、培养技能人才，这种文化育人的实践探索也离不开区域行业，需要把区域行业的优秀文化因子融入院校办学实践。

开展文化育人的实践，产教融合、校企合作也是基本途径之一。但是在长期的职业教育实践中，政热市冷、校热企冷等问题一直困扰着我们。两种异质组织文化如何在技能人才的培养过程中融入区域的特色文化元素并形成一致？在问题探索的道路上，不同地域不同行业不同院校的多主体协同，形成了各具特色的文化育人实践。无论是国家示范性高职院校建设计划、骨干高职院校，还是当前正在推进的“双高计划”，都是在高职院校内涵建设的基础上，努力建设形成中国特色高职教育方案。

笔者所在学校也正处于深化内涵建设的过程中，努力探寻院校文化建设与育人文化建设的特色道路。以淮海战役精神为代表的区域红色文化、徐州地方非遗文化、长期以来服务煤炭建设行业而镌刻在建院人骨血里的行业文化印迹等，都是学校在办学过程中需要充分吸收的文化养分。在文化育人实践中，学校系统设计文化育人工作，强化党建引领，注重融入区域文化、校本文化、校友资源，注重结合内涵建设项目，着力推进以文化人，提升技能人才培养质量。

这种以校本文化育人的方式，正是一校一域的探索实践，是近年来职业教育宏大改革背景下院校的适应探索，更是服务区域行业技能人才培养过程中院校的自我探索。学校的文化育人探索，笔者既是参与设计的建设者，也是推动实践的“他者”。在这种建设者与他者的身份切换中，对于职业院校文化育人的宏观政策背景以及微观实践过程都有着切身体悟与深刻理解。本书的撰写，是笔者长时间以来对高职院校文化建设的理性思考与实践总结，也希望这一观察分析，在总结高职院校文化育人建设样本实践经验的基础上，为更多高职院校文化建设提供样本借鉴与方法，为新时代高职教育以及文化育人工作增添一分微薄之力。

目 录

绪　论

立德树人、文化育人，是新时代现代化强国奋斗目标赋予高职院校的重要使命任务。如何推进根本任务落实落细，为社会培养综合素养高、技术技能强的人才？在这种特定时空条件下，围绕技能人才培养所形成的物质的、精神的总和，便是院校文化建设的成果。院校文化建设，本身便是高职院校高质量发展的内涵建设方面的重要内容。无论是校园物理空间的部署、校园生活活动的开展、人才培养方案的改革探索，还是对外技术服务的开展、国际交流合作的深化推进，都可以表现为院校文化建设的理论与实践探索。

作为类型教育，职业教育与普通教育同等重要却又内涵不同。无论是从人才培养、科学研究、社会服务以及文化传承与创新四项基本功能来看，还是基于职业教育目标的普适性与专业性的分歧争论而言，高职教育本身便是以职业技能传承为核心目标的文化生产过程。这一文化生产过程可以包含两个目标。一是应用性或实然目标，无论是从市场角度还是从个体角度出发，职业教育的技能人才培养应当满足企业行业岗位和市场需求，满足劳动者个体职业成长的基本需要。这也就是经常讲的职业教育要以就业为导向，主要是以职业技能传授为直接目的。学生作为教育的产品，能否满足市场的规格要求，某种程度上讲，这种满足简单表现为两种结果：匹配，即适应，职业人才的培养质量适合职业岗位的技能需求；不匹配，职业人才培养不符合岗位技能要求，主要指学生习得的职业技能不能满足实际岗位生产的技能要求。另一个是价值性或应然目标，指职业教育过程中侧重于教育的应然价值，强调在培训技能的同时开展公民教育，提升学生非专业综合素养。这主要是强调对学生的全人教育，促进人的全面发展。当下政策语境中“五育并举”，培养德智体美劳全面发展的时代新人，则是对此应然目标的追求。

在教育实践中，尤其是职业教育中，这种文化生产过程的应然与实然目标之间的冲突与协调一直伴随着它的发展过程，其中比较典型的案例如20世纪初杜威与斯内登有关职业教育形式的公开辩论。两人围绕职业教育的形式——究竟是一般性的职业教育还是学校式的职业教育、职业教育的功能，究竟是生活的教育还是特殊的教育，展开了激烈的争论。这种争论，不仅存在于美国的职业教育发展过程中，而且对于其他国家的职业教育发展实践而言同样普遍存在，只不过是具有历时性差异。由于特殊的经济社会环境，各个国家在职业教育具体实践中形成了各自教育模式的特殊性。英国长期以来对教育的“绅士”追求和自由思想的深刻影响以及对职业教育技能人才培养的忽视，导致近代以来其经济社会发展逐步丧失在西方国家的领先优势，从而导致社会对职业教育的批评与深化改革的外界压力。而德国恰恰是在后发优势积累下，由于工业生产标准化的经济要求以及政党斗争的政治需求，在宗教文化的浸润下，逐步形成了德国特有的双元制。无论是美国的学校教育、英国的新学徒制还是德国的双元制，都是在特定社会历史环境中形成的特有的职业教育模式。综观西方国家的现代职业教育形式，整体上还是以学校教育作为主要载体，在政府、社会组织、行业、企业、学校以及家庭和个人之间形成稳定的合作与文化交互关系。

近代以来我国职业教育的发展，以学校教育为主要形式，职业学校的兴办与文化建设的主要目的是服从和服务于国家发展需要。近代以实业救国为抱负，兴办新式学堂，培养近代工业化所需的各类实业人才，试图挽救国家民族命运，推动近代工业化。新中国成立伊始，面对百废待兴的局面，建设技术人才极度缺乏、文化水平亟待提高，职业学校以提高国民识字率、紧贴生产提升一般性技能为主，以促进国民经济的恢复与发展。进入新时代，面对国家经济社会进入高质量发展阶段，在提供大量基础性技能人才的同时，服务于各行各业的高技能人才培养则是当前职业院校办学和文化建设的主要任务与使命。

因此，从宏观角度来说，为国家经济社会的发展提供基础性技能人才，是职业教育的主要文化使命之一，职业院校文化建设实践自然是整个社会文化建设系统的重要组成部分。但相对于整个社会文化体系来讲，职业院校文化建设是相对独立的亚文化圈层，有着自己的特征属性。对这种圈层的解构分析，对特征属性的厘清归纳，是我们从微观上加强职业院校文化建设实践的出发点。当前，我国职业教育改革正深化推进，新职教法的出台、“职教二十条”的深化、职业教育高质量发展的推进，都为我们从根本上深化文化建设、增强技能供给提供了有力的宏观政策保障。国家示范院校项目的引领、提质培优行动计划的实施、“双高计划”的推进，使得高职教育不断取得跨越式发展成果，文化形象与社会美誉也不断提升。

宏观政策的推动提升，是有利于院校加强文化建设的客观条件，但这更需要高职院校从微观实际出发，根据职业教育办学主体尤其是校企双元主体的组织文化与利益关系的规律变化，推动文化实践。本书正是基于这一实践过程，基于生态视域，对高职院校文化建设从建设思维、方向、环境、资源等方面加以分析思考。文化建设是一项系统性工程，本书第一章从高职院校基本文化功能入手，在生态系统思维的观照下，沿着产教融合、校企合作这一基本路径，厘清职业院校文化生态建设的内涵、结构、特征，明确失衡表现与建设路径。文化生态的系统性构建，实践上是从不平衡到不平衡中实现动态的平衡。高职院校的文化建设应当是包含多元主体要素、融合多样文化生态的一种特定的社会亚文化生态，体现了院校、行业、企业、区域和社会等文化环境之间的互相适应、相互发展，是动态性与发展性的统一、包容性与独特性的结合、文化自觉与责任担当的有机统一。高职院校文化建设从根本上是服务育人，因此必须把准育人的文化方向。“培养社会发展所需要的人，说具体了，就是培养社会发展、知识积累、文化传承、国家存续、制度运行所要求的人。所以，古今中外，每个国家都是按照自己的政治要求来培养人的，世界一流大学都是在服务自己国家发展中成长起来的。我国社会主义教育就是要培养社会主义建设者和接班人。”①因此，高职教育主要是为经济社会建设提供技术技能人才，本质上就是技术文明与技能文化的传输；首要任务是立德树人，加强党对学校事业的领导，强化党建引领作用，建

① 习近平：在北京大学师生座谈会上的讲话[EB/OL].(2018-05-03)[2022-06-21]. http://www.xinhuanet.com/politics/2018-05/03/c_1122774230.htm.

设思想政治教育共同体，把准把牢文化育人的方向。第二章主要在高职院校文化育人主体性分析和校企合作文化育人路径探讨的基础上，分析如何加强高职院校党的建设，建立健全学生党员培养质量体系，对项目式大学生党员素质工程的实施进行探讨，以引领高端技能型人才培养，满足行业企业发展的需要。同时嵌入高职技能人才培养全过程，深度引入体制外行动者与职业情境，注重校内外多主体间的沟通交流与利益融合，构建高职院校思想政治教育共同体，提升思想政治教育实效，引领青年人才的成长成才。高职院校文化建设需要校企双元主体共同发力，开发更多资源并融入建设，如区域文化、校友资源、校本历史资源等，促进高职院校在文化建设上保值增值，系统化构建和谐的文化生态，促进在服务区域、行业等方面取得更大成效。第三、四、五章便是从区域优秀文化、校本历史资源和校友资源开发等方面深入探讨了这些资源在促进高职院校文化建设、提升院校具体实践成效中的重要意义与价值。以笔者所在院校文化建设实践为案例印证说明：优秀传统或区域文化通过基础课程或社会实践等多种形式，在浸润中增强技能人才的基础文化素养；高职院校在自身服务区域、服务行业发展过程中形成的校本历史文化，是高职院校深化改革发展离不开的重要精神基础；校友是学校宝贵的社会资源和事业发展的重要依靠力量。高职院校文化生态的建设是一个不断凝聚和积淀的过程。这种文化的积淀可以是沉积式的，伴随着院校发展而形成各有特色的校本文化；也可以是项目式的，通过系列项目建设，更好地引领并增强高职教育的适应性、有效性，形成高职院校文化差异化、多样化发展。在第六章中，作者通过对现代学徒制、教学工厂等模式的文化分析以及江苏省高水平高职院校建设培育、国家“双高计划”建设等实践的剖析，认为应通过项目制的实施，充分发挥政府对资源的宏观调控与区域集聚的政策效应，同时通过政策工具的综合使用，最大限度吸引市场力量参与到职教事业中来，提高职业教育人才培养的适应性、职教文化的影响力和社会吸引力。

文化建设本身是一项复杂的系统性工程，职业教育的高质量发展需要教育与市场、学校与企业的主体性融合。高职院校文化建设更需要协调教育公益与市场利益，融合产教校企共同推进。引入文化生态的理论，在信息、能量与资源的内外交互和动态平衡中分析高职教育的发展，让我们对职业教育的研究多了一个视角。“职业教育的一个基本目的就是通过文化再生产的过程，满足社会重要的、必要的和可取的需求”，“职业教育的目的是确保人类文化的延续性，尽管是通过文化再生产、重塑和转变职业实践的方式”[①]。因此，高职院校文化建设的实践，不仅是在社会维度上满足行业企业生产技能人才的需要，更是在个人维度上促进个人全面发展的需要，努力实现职业实践的实然价值与教育实践的应然目标的协调统一。

① 比利特．职业教育：目的、传统与展望[M]．南昌：江西人民出版社，2018．

第一章
树立系统思维，构建和谐的文化生态

加强文化建设，是组织的内在本义。组织的层级、系统性等生态特性，决定了组织的文化建设是一个系统性事业，这就需要我们从生态角度来思考推进，树立系统性思维，构建和谐的组织文化生态。什么是和谐的文化生态？如何建设和谐的文化生态？这是我们开展组织文化建设的基本命题。职业教育（院校）主要为经济社会发展输送技术技能人才，产教融合、校企合作是其基本发展途径。这不仅明确了职业院校自身文化建设的基本功能，更明晰了职业院校文化建设的基本途径——校企合作，在生态系统思维的观照下，厘清职业院校文化生态建设的内涵、结构、特征，明确失衡表现与建设路径。

第一节　什么是文化生态？

“文化”一词，究竟其义如何，目前尚未有统一的定义。学界对其作出的定义已然达到200多种，日常生活中的使用也已然泛化，凡物皆可称“文化”。从广义上讲，正如英国人类学家泰勒所说，“文化或文明，就其广泛的民族学意义来说，是一个复合整体，包括全部的知识、信仰、艺术、道德、法律、风俗，以及作为一个社会成员的人所习得的其他一切能力和习惯”[①]。以此来看，文化当是包含了人类社会进化过程所创造的各种精神、物质成果的总和。从狭义来看，“一定的文化（当作观念形态的文化）是一定社会的政治和经济

① 泰勒. 原始文化：神话、哲学、宗教、语言、艺术和习俗发展之研究[M]. 桂林：广西师范大学出版社，2005.

的反映，又给予伟大影响和作用于一定社会的政治和经济"[①]。此则专注于精神层面的文化创造。

伴随着信息技术、通信科技和交通系统的日趋发达，全球化趋势不断加强，人类命运共同体的理想趋向实现。但反观全球化趋势，"世界的更是民族的"，民族文化是一个民族区别于其他民族的独特标识。"不忘本来才能开辟未来，善于继承才能更好创新。优秀传统文化是一个国家、一个民族传承和发展的根本。"[②]由此观之，文化亦是有着其本身固有的地域空间、时代传承和生态圈层。不同学者基于不同学科视角对文化的深入研究形成了蔚然茂密的研究成果。

1. 文化生态的内涵

无论是广义还是狭义上的文化，本质上是人类在自身发展过程中创造的凝聚。这种创新总是在特定的自然环境中使用某些自然资源推动人类文明实现质的发展。石器的产生、铁制农具的发明、新航路的开辟、化石燃料的使用，逐水草而居的游牧文明、阡陌之上的封建地（领）主制、地中海衍生的商业文明，人类文明的起源、文化的沉积，首先是生存的自然环境，进而是复杂关系下的社会环境。即便是现代条件下，资源禀赋、自然条件和社会环境仍是文化发展的必要条件。"文化之建立，犹之种树，不考虑本国之地宜，则树无由滋长。"[③]人类与其生存空间中的环境相依相伴。研究人类文化，也必须从孕育滋养它的生态环境入手。因此，文化与生态互为依存，从生态角度开展文化研究，探讨文化生态内涵特征与建设路径，无论是社会学还是生态学，都是推进文化建设的新视角。

文化生态，将生态学的有关观点引入文化研究，运用生态学的理论方法，研究文化的存在和发展的资源、环境、状态及规律。此种观点最早由美国学者斯图尔德于1955年在《文化变迁论》中提出，目的是"解释那些具有不同地方特色的独特的文化形貌和模式的起源"，"环境适应的概念构成了文

---

① 毛泽东.新民主主义论[M]//毛泽东.毛泽东选集：第三卷.2版.北京：人民出版社，1991.

② 中共中央宣传部.习近平总书记系列重要讲话读本：2016年版[M].北京：学习出版社，2016.

③ 张君劢.明日之中国文化[M].济南：山东人民出版社，1998.

化生态学的全部基础”，但“文化核心的性质将是由有长期文化历史的复杂技术和生产安排决定的”①，主张通过分析开发技术或生产技术与环境之间的相互关系，用特殊的技术手段开发特殊地区中的行为模式和弄清行为模式在开发环境中影响其他文化方面所产生的作用程度等方式来解释文化的变迁。斯图尔德将生态学原理引入文化的研究，开拓了文化的研究领域，但将文化变迁视为环境适应的结果却是单向的、线性的、片面的。

目前，对于文化生态内涵的界定，总的来说有两种视角：一种从文化人类学的视角出发，认为文化生态是各民族、各地区自然而然的、原生态的、祖先传下来的文化的存在状况，是植根于各地不同的自然生态环境之上具有鲜明地域特征和民族特征的文化的存在状况。它揭示了文化产生、发展、变迁的规律与其所处自然环境之间的关系。另一种视角从文化哲学的视角，从文化的各个不同元素之间的关系、不同文化之间的相互影响方面来界定文化生态，认为它指的是“一定时期一定社会文化大系统内部各种具体文化样态之间相互影响、相互作用、相互制约的方式和状态”②。

文化生态的研究是以生态学为方法，以文化现象为研究对象③。文化生态学产生于20世纪中期，随着文化问题的突出、全球化趋势的不断加强以及日常生产生活中现代文化媒介的深度融入，自20世纪90年代以来，这一研究趋势逐渐显著。发展着的文化生态学在强调对环境适应的同时，引入系统理论，在强调社会文化变迁的外部复合生态环境的同时也内观文化系统内部各种要素之间的关联，更加彻底地观照文化系统内外各种环境要素的双向非线性的综合作用建构。这不是单纯的自然因素，也不是单纯的社会、经济因素，而是自然背景下经过人类长期活动而形成的自然—经济—社会复合生态系统（见图1－1）。

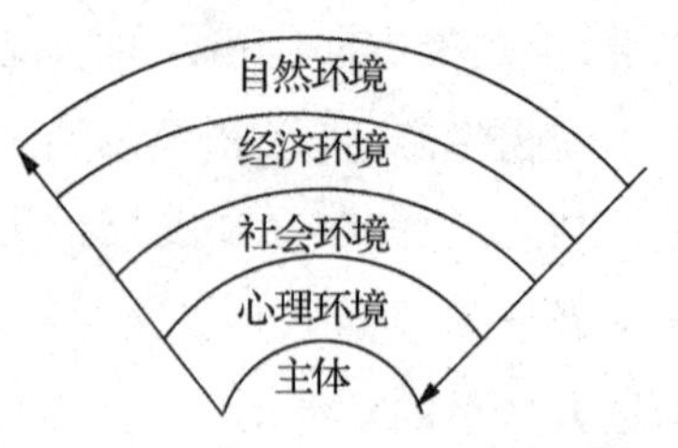

图1－1　文化生态系统结构图

揭示该复合生态系统与文化系统之间

① 斯图尔德. 文化生态学的概念和方法[J]. 世界民族，1988(6)：1－7.
② 李学江. 生态文化与文化生态论析[J]. 理论学刊，2004(10)：118－120.
③ 戢斗勇. 文化生态学论纲[J]. 佛山科学技术学院学报（社会科学版），2004，22(5)：1－7.

的关系是我们长期的任务。这种文化生态，既包含文化系统与环境系统之间的互动，也包含不同文化系统之间的互动，还包含文化系统内部的互动。每一种文化自为系统又互为系统，依托于一定的自然环境与资源条件，自形成独特的文化圈层、群落的同时，又互为要素，组织更大、更高、更久远的文化圈层、群落。我们在研究文化生态时，必须从生态系统的角度，考察文化与环境、文化与文化之间的互动，这样才能使文化研究的范畴更加准确和完整，更具系统性和科学性。我国古代文化重心沿黄河中下游变迁的历史趋势、长江下游文化重镇的逐步形成、践行新发展理念守住乡愁、强调人与自然的和谐相处等，都是文化生态学在学术研究与公共政策实践中的生动体现。

2. 文化生态的特征

文化生态作为文化研究的新视角，有其鲜明的特征。王长乐[①]认为文化生态具有四个方面的显著特征：

(1) 时代性和发展性。文化生态作为人类主观行为的结果，体现了人类的价值观念和精神质量，具有极强的时代性。又由于社会的变化在一般情况下都是正方向的、进步性的变化，因此随着社会进步，前进的文化生态还具有发展性、进步性特征。

(2) 有秩性和逻辑性。文化生态作为社会文化现象的总和，可以说是一个庞大的体系，但众多的文化现象不会是杂乱和无序的，而是依据一定的内在逻辑结构而有秩序地排列的。有秩性既表现为文化生态的多层次性，又表现为其多维性。但无论怎样区分，文化生态在一般情况下，其内部有强烈的逻辑性，而且这些强烈的逻辑性主要来自社会的运动逻辑。

(3) 非组织性和间接作用性。文化生态的形成虽然有外在的规律性和内在的逻辑性，但这些逻辑性和规律性都是社会结构的自然作用，并非社会某个团体或机构的组织结果，其形成从表面上看带有很大的自然性。因为文化生态的形成是非组织的，并带有一定的自发性和随意性，致使其运动的目的和方向也具有含糊性和不确定性。这种目标不确定的文化运动，其功

① 王长乐.论"文化生态"[J].哈尔滨师专学报,1999,20(1):51-56.

能往往具有多重性、利弊兼有性，其正向作用可能被负向作用抵消，或者二者相互销蚀，造成其社会作用的非直接性。

(4) 作用渗透性和交互作用性。文化生态作为一个系统，其作用是多种多样的，其作用的渗透性和交互性值得注意。文化生态的社会作用虽然直接作用小，但其持久性和基础性特征却使其作用大量地通过隐蔽途径渗入其他领域，对社会产生基础性的影响。

戢斗勇[①]认为文化生态系统的特性主要有：

(1) 整体性。文化是作为系统整体而存在的，整体对内在要素具有总体的制约性。系统的整体性，是我们认识文化生态系统的前提。

(2) 相关性。文化的存在和发展是在关联中得以实现的，相关性是文化生态学最基本的理念。

(3) 有序性。在文化系统的整体性存在中，其内部结构划分也是不同的，具有多层次、有序的特点。

(4) 动态性。文化是一个动态开放型的稳定系统。系统内部整体的稳定性都是相对的，而变动是绝对的。

(5) 主体性。主体性是文化生态系统所必有的特征之一，也是文化生态系统与自然生态系统的根本区别。

3. 文化生态的作用

小到村居家庭，大至地球宇宙，都承载着一定资源环境里文化生态发生、发展的过程，同时文化生态也有着潜移默化的作用，在生态系统内对人们的生活、心态以及日常生活都有着重要的影响，表现出应有的功能。因此，对文化生态功能与作用的发挥也受到学界关注，并在政策事务中得到实践。有学者[②]认为文化生态具有表现功能(较为准确地反映了社会政治、经济、科技等制度的文明、进步程度和水平)、评价功能(对社会制度、国民素质、民族传统的评价性表现)、唤醒功能(文化生态状态的良与不良，显示社

---

① 戢斗勇.文化生态学：珠江三角洲现代化的文化生态研究[M].兰州：甘肃人民出版社，2006：84.

② 杨亭.中国文化生态化演进的历史透察[J].理论月刊，2007(3)：141-144.

会的思想基础是否稳定)、褒奖和谴责功能(文化生态的价值性倾向，显示人心向背，公众对社会制度、社会现状、国家领导集团的满意程度)等四项。良性的文化生态，能化解社会中的许多危机[①]，保持文化的生态平衡。

首先，良好的文化生态有利于文化本身的生存发展。文化，实质上是人类进化发展过程中物质成果和精神产物的积累、传承、传播和呈现。这种生态性是有周期性的表达。文化本身的生存发展有萌芽、成长、成熟和衰落的生命周期。古巴比伦等文明曾盛极一时，其文化成就是人类文化智慧中的宝藏。但由于自然条件恶劣、争夺战争反复等，古巴比伦文明未能适应生态环境的变迁，逐渐湮没在人类发展的历史长河中，缘于考古的发现发掘才得以再现昔时文化盛象。相反，同为文明古国，中华文明却在不断变迁的自然环境与历史条件的适应中，由于自身的适应性与影响力，一直根脉相传、生生不息。美国哈佛大学教授杜维明对中国传统文化给予了高度赞扬，他说："世界上有古无今的文化很多，有今无古的文化也很多，而有古有今的文化则很少，像中国这样波澜壮阔的文化传统简直是独一无二的历史现象。"因此，文化的传承守正、传播创新，需要一个良好和谐的文化生态。

其次，良好的文化生态有利于多元文化的共存发展。文化的发展都要依存于一定的地理环境，这种生态性首先是文化的特殊性，即独特性，依赖于独特的自然环境而孕育出来，如地域文化、国别文化等。例如我们常说的法国的浪漫、德国的严谨、意大利的风情、英国的绅士、西班牙的热情等等，既是特点鲜明的国别文化，同样也体现了在欧洲这片历史悠久的土地上，多元斑斓的文化共存发展。因此，良好的文化生态，既要理解、掌握文化产生、发展的基本规律，更要理解、尊重文化发展的独特性、差异性，在相互理解、尊重中沟通交流，在平等、包容中碰撞发展。一切生命有机体都需要新陈代谢，否则生命就会停止。文明也是一样，如果长期自我封闭，必将走向衰落。交流互鉴是文明发展的本质要求。只有同其他文明交流互鉴、取长补短，才能保持旺盛的生命活力。文明的交流互鉴应该是对等的、平等的，应该是多

---

① 王尔敏. 近代文化生态及其变迁[M]. 南昌：百花洲文艺出版社，2002：21.

元的、多向的，而不应该是强制的、强迫的，不应该是单一的、单向的[①]。因此，包容和接纳异质文化，促进文化的交流碰撞、融合发展，构建良好的文化生态，能够使不同民族、不同国家的文化和谐共生，共同促进全人类文化的和谐发展。

最后，良好的文化生态有利于环境的保护发展。我们重视良好的文化生态构建，注重文化与周围环境的和谐互动。民以食为天，民为邦本，本固邦宁，强调的是国家发展、文化繁衍离不开自然条件的支撑。靠山吃山、靠海吃海，自然资源是民族文化、区域文明赖以生存发展的物质基础。人与自然和谐相处，文化根植于环境。我们的远祖从适应自然、开拓自然、运用自然中，创造了游牧文明、农业文明、工业文明和生态文明，但我们也发现，在人类自身文明的创造发展过程中，对生态的无限制攫取、对环境的肆意破坏，同样也成为文化生态建设中亟待改正的地方。生物多样性的维护、生态环境保护、全球气候治理等，既是每个国家和地区的应尽责任，更需要全球化视野下的合作治理。同样，良好文化生态的建设，也需要非自然条件的改善支撑。社会环境说到底还是人与人的社会关系的集合体，每一种文化都是特定社会环境的反映反射，包含着与经济、政治、社会、文化等方方面面千丝万缕的联系。某一个方面的重要变迁、剧烈变化都会带来其他方面的变化。良好的文化生态需要文化与经济、社会、政治和生态相互协调，共同促进，形成一个紧密的命运共同体，既要发挥各自的主体性、独特性作用，也要注重协调相互之间的反作用。文化生态的失衡，也必然会阻碍经济的发展，动摇政治的基础，影响社会的安宁，破坏生态的和谐。因此构建良好的文化生态，既是充分发挥资源环境的涵养作用，更是保护环境发展的内有之义。

总之，文化生态有其独特的价值，要求我们以系统性、生态性的观点来理解分析时代与文化的发展。回顾我们改革开放的发展史，我们在坚持社会主义根本制度的基础上，从经济建设入手，不断深化政治建设，加强精神文明建设，有序开展社会建设，建设生态文明，这就是一项随着时代进步不断推进的系统性生态工程。当然，我们也应当承认并坦然面对，在我们改革

① 习近平．习近平谈治国理政：第三卷[M]．北京：外文出版社，2020：469．

开放的过程中，在取得突飞猛进的辉煌胜利的同时，也曾经有过因追求物质利益而带来的思想混乱、文化迷离、生态破坏等不良现象。正如改革开放取得伟大成就的经验，在新时代里，我们依然坚定“四个自信”，以习近平新时代中国特色社会主义思想为指导，加强中国特色文化建设，以共同理想信念增强文化自信，进一步发挥我们的制度优势与治理效能，激发沉淀在中华民族和民众个体中的文化认同，为我们民族伟大复兴凝聚起强大物质基础、制度效能和文化伟力，这当然也离不开系统性文化生态的构建。

文化生态的系统性构建，实践上是从不平衡到不平衡中实现平衡，这种平衡是动态的、相对的。在复杂的历史时代条件变化下，文化传播交流机制在时空维度上受到破坏并重建，这种失衡，往往是由外来文化冲击、内部社会转型或者信息技术媒介发展等综合复杂原因所导致的，不仅是文化生态与系统外部联系的重构，同样也是内部要素关系的重组，而且这种重构重组往往是交织在一起的。从全球化角度来看，新旧经济格局政治秩序的交替重建，世界范围内的文化生态也必将重构，并由传统西方文化中心论走向东西方文化碰撞交流共处、东方文明伟大复兴。从我国来看，伴随着社会经济的发展转型，在涤荡文化污染、抵御文化入侵过程中实现文化振兴，是新时代我们建设文化生态、实现新的平衡的紧迫任务。

第二节　高职院校文化生态分析

当前，我国发展面临着中华民族伟大复兴战略全局和世界百年未有之大变局，这也是二战以来世界旧经济政治格局重塑、传统文化生态失衡重建的关键时期。在这个重要战略机遇期，国家“十四五”规划强调坚持创新驱动发展，全面塑造发展新优势，面对西方国家在科技教育等领域内的“卡脖子”行为，必须坚持创新在现代化建设全局中的核心地位，把科技自立自强作为国家发展的战略支撑，面向世界科技前沿、面向经济主战场、面向国家重大需求、面向人民生命健康，深入实施科教兴国战略、人才强国战略、创新驱动发展战略。这些国家战略的实施，离不开教育文化事业的发展与支撑，尤其是高等教育作为文化创造、文化传播的思想高地，在当前社会文化建设上应该有更大作为、更多担当。

相对而言，高等教育自身发展过程中，坚守不断提高质量这一生命线，在人才培养、科学研究、社会服务、文化传承创新各项工作之中[①]，围绕培养社会主义合格建设者与接班人这一根本目标，形成了有自身特色的文化象征与精神符号。各具特色的高校文化的传承创新是社会文化系统的亚文化生态，这也是高校这一特殊文化生态在与社会文化系统进行不断的信息、能量与物质的交流融合，引领、传播和守护着社会文化的发展。当前，于变局中开新局、危机中抢先机，在突破西方文化卡脖围堵中实现中国特色社会主义文化复兴，关键是要有人，各行各业、各个层次都要有人才，把各种人才凝聚成我们干事创业的磅礴伟力，在与西方各种文化力量的对抗中，推动构建多元文化共存共荣的人类命运共同体。我们不仅需要在基础理论、重点领域、关键突破上有高尖端人才，还要走出国门，吸纳海外优秀智慧人才，同样，在我们经济社会转型升级和经济生活日常中，也需要大量适应性的技术技能人才。这就要求我们的高等教育能够培养多层次适应性人才。我们的教育尤其是高等教育承载着“培养社会主义建设者和接班人”的根本使命，这也是当前文化生态建设中根本性底层性物质基础。

作为一种特殊的亚文化生态，新世纪以来高职教育在突破层次走上类型定位的道路上，为我们高等教育由大众化走向普及化奠定了坚实基础，以每年数以百万计的技术技能人才培养为经济社会发展奠定坚实基础。在这期间，高职教育也逐步由数量扩张的粗放型模式，渐次走上内涵建设的质量型道路，尤其是项目化推进百所国家示范性高职院校、骨干高职院校建设，实施高等职业教育创新发展三年行动计划，开展“双高计划”遴选建设，我们高职教育已经进入转型跨越、提质挖潜、凝聚特色、智造品牌的中国特色高职教育发展道路。这也是一条高职院校和谐文化生态建设的道路。

1. 内涵表述

高职教育，以就业为导向，以服务为宗旨，工学结合、校企合作，培养数以千万计的服务于生产、建设和管理一线的高技能人才。简短的话语表明

① 胡锦涛. 在庆祝清华大学建校100周年大会上的讲话[N]. 人民日报，2011-04-25(1).

了高职院校的社会使命。百所国家示范性高职院校、骨干高职院校、中国特色高水平高职院校建设培育等项目的实施标志着中国特色高职教育已进入转型和提升内涵的关键时期，在政府主导举办的高等教育框架内要充分融入产业、行业、企业、职业和实践等要素。文化建设既是内涵建设的重要内容，更是高职院校特色与品牌的表征。因此，高职院校的文化建设应当是包含多元主体要素、融合多样文化生态的一种特定的社会亚文化生态。它是在特定的校园环境里，围绕高技能人才培养这一核心目标，由学校师生员工长期自主共同创造的体现学校特色的，为全体师生共同认可、接受、信守和发展的价值观念、校园形态和行为方式。它体现了高职院校文化与行业、企业、区域和社会等文化环境的互相适应、相互发展。

2. 结构要素

从构成主体要素来讲，高职文化生态系统以校园为特定时空条件，简单分为内部生态秩序（学校、教职工和学生等要素）和外部生态秩序（政府、行业、企业等要素）（图 1－2）。和谐的高职院校文化生态应当是各主体要素之间相互关联制约而形成的动态平衡结构。多元文化和谐共生、协调发展，是高职院校文化建设的基本诉求，是高职教育内涵建设的文化体现。在和谐的文化生态中，高职教育育人的根本功能才能得到充分的发挥，人才能获得充分全面的发展；在和谐的文化生态中，高职教育的职业文化属性才能得到彻底的张扬，引领职业教育科学发展，联通现代职教体系；在和谐的文化生态中，高职教育的社会服务功能才能得到充分的发挥，提升教育服务产业的能力；在和谐的文化生态中，高职教育才会在文化的传承和创新中有更大的自觉和担当，推动社会主义文化大繁荣、大发展。

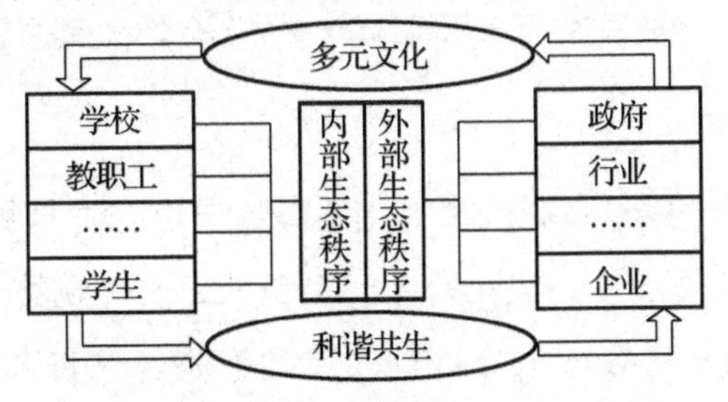

图 1－2　高职院校文化生态结构要素图

高职教育的高等性与职业性也决定了高职院校文化生态结构特征，它既不是一般意义上的高校文化，又不是企业文化，它应当是高校文化与企业文化等文化群落相互交融形成的具有高等职业教育属性的文化生态系统。它的动力结构可简单归纳为“双主双核，螺旋发展”。双主，指高职院校文化生态建设的承载主体，学校师生是高职院校文化建设的主体，学校师生之间的文化传承是文化建设的核心内容；双核，指高职院校文化建设的核心驱动力，高校文化和企业文化相互驱动融合，共同塑造了特色鲜明的高职院校文化；螺旋发展，指高职院校在文化建设过程中与周边其他文化群落的交融中互为环境，在能量、信息和物质交流过程中，通过同化和异化、遗传和变异等方式建构文化生态的螺旋上升式的发展平衡。

它的横向结构（空间结构）主要指高职院校文化生态内部不同类型文化圈层（如从主体来分有教师、行政、服务和学生四个文化圈层，从层次来分有物质、行为、制度和精神四个文化圈层等）以及外部不同文化群落之间（如区域、社会、行业、企业以及政府等）的相互关联（图 1－3），纵向结构（时间结构）主要指高职院校文化生态系统的历时性，即时代特征，体现为文化的传承与创新。

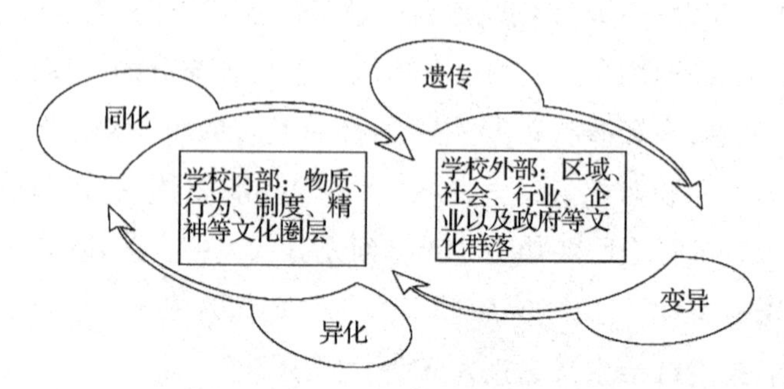

图 1－3　高职院校“双主双核，螺旋发展”文化生态动力结构简图

3．特征分析

作为一种文化生态，高职院校文化生态建设也有着自身鲜明的特点：

(1) 时代性和发展性。文化是人们主观见之于客观的实践产物，既是主观行为的结果，也是对客观世界进行改造的产物。这种改造实践的行为必然体现人类社会自身进步的时代性，表现为人类社会进步的发展性。时代性则强调文化生态的建设应当是正向的，与国家社会发展的主潮流一致。一个时代有一个时代的文化风骨。不同时代文化风骨的沉积形成了各具特色的文化生态，呈现出历时性发展。当前，高职院校文化生态建设最大的时代性、最显著的发展性，便是坚持大学最鲜亮的底色，坚持立德树人、文化育人，坚定产教融合、校企合作，为国家经济社会建设培养更多更好的技术技能人才。

(2) 整体性与主体性。虽说文化有差异，但就某一文化类型而言，它作为系统整体而存在，对其文化群落内在的各种要素具有约束性，是内在各要素功能的集成与总和。由此每个文化因子对于其所属文化生态建设而言都是融于一体的，且无论功能大小与作用高低。当然，各个主体性要素的功能作用有大小显蔽之分，但都是不可或缺的。高职教育作为一种类型，具有独立于普通高等教育的特殊性，这种特殊性缘于高职教育内部各主体在长期以来的教育实践中凝聚成的社会共识。高职院校个体整体性发展得益于学校、师生、企业主体性作用，形成了高职教育的内涵特色发展。

(3) 有序性和逻辑性。文化本身是复杂的社会现象的总和，但看似无章的文化其实是遵循着内生秩序和逻辑体系的。就文化生态而言，表现为内在层次性、发展的时序逻辑性。正如前文所述，高职院校文化生态也有着自身的圈层群落。内部师生等教书育人各条线都有着种田守渠的责任。无论是“三全育人”“七育人”，还是“十育人”，都是教学管理服务等条块围绕立德树人这一根本任务的有序性衔接，也是围绕着教书育人这一中心任务的逻辑性展开的。职业教育是面向公民的就业前教育，技能培养还要遵循职业岗位的逻辑性和技能形成的序列性，技能人才的培养则是高职院校文化生态建设最基本的功能之一。因此，高职院校文化生态建设应当充分注重人才培养等基本功能的过程序列性与逻辑性的统一。

4. 失衡问题

我国高职教育作为一种文化传承的形式，经过近30年尤其是近10年的涅槃发展，作为新的高等教育文化形态已经得到了实质性的确立。无论是院校数量还是在校师生规模，高职教育已然是我国高等教育的半壁江山，决定性地推进了我国高等教育大众化进而普及化，为社会经济发展提供了更多的应用型高技能人才，促进了国民文化素质的提升，也为我国人力资源强国的实现进行了基础的铺垫。

目前我国进入经济发展深度转型、产业结构不断升级的时期，高技能人才的旺盛需求促进了新时代新形势下高职教育的内涵发展、特色发展与品牌发展，高职教育呈现出百花齐放、百舸争流的竞争势态。高职教育的深圳模式、宁波模式、苏南模式则代表了目前高职教育各具特色的文化生态发展。因而，政府、社会、区域以及行业企业等对高职教育寄托了更多的希望。高职院校文化大观园的春天将会是群芳竞艳。高职教育的发展，尤其是个体高职院校的文化生态建设将会有更多的课题等待着去研究，有些可能关乎个体生态的生存。

在实际的文化建设过程中，高职院校依然有很长的路要走。人类所创造的每一种文化都是一个动态的生命体，各种文化聚集在一起，形成各种不同的文化群落、文化圈，甚至类似生物链的文化链。正如自然生态通过遗传与变异的途径来维持平衡一样，文化生态亦通过文化的创制来尽力保持自身发展过程中的矛盾性动态平衡。正如前文所述，高职院校作为近 30 年尤其是近 10 年来形成和积聚的一种文化生态群落，其自身价值的体现与作用的发挥已得到了充分的现实性印证。在表现出强劲的文化张扬力与发展正能量的同时，高职院校文化生态内部各要素之间以及其与外部其他文化生态群落之间也间或出现了失衡的现象。

从外部文化生态环境来讲，主要包括政府、社会、区域、行业企业等，高职院校的良性发展依赖于政府的指导、社会的认同、区域的支持与行业企业的参与。高职教育的举办主体是各级地方政府，无论是国家层面还是省市地方政府，近年来对职业教育在顶层体系与制度设计、资金信息投入、质量评估等诸多方面给予了更多的宏观政策性指导，激发了职业教育尤其是高职教育的内在活力。从政策支持角度来说，我国职业教育的主体是职业学校，主要由教育部门统筹管理，发展过程中有着强烈的政策性诉求。但其中最为重要和迫切的问题是职业教育作为一种跨界的教育，任何一个部门都无法有效地解决职业教育校企合作的跨部门、跨领域的现实问题，因此，需要从国家层面统筹职业教育校企合作政策，进行顶层设计，培育具有中国特色的职业教育国家主导模式。

虽说高职教育的迅猛发展为社会文化的进步贡献了巨大的力量，但是整个社会对高职教育的价值与文化的认同错位。这主要根源于社会对高职教育价值的传统认知偏差、现行高等教育招生政策的层次性以及高职教育自我探索发展的曲折性。而这种文化认同的失衡在遭遇适学人口拐点的时候便以生源危机的形式在全国渐次典型性地表达出来。

立足区域行业，校企合作、工学结合已成为高职教育的基本共识，这也是高职文化生态建设的基本路径。换句话讲，在高职院校这个文化场域，要使其产品的生产规格、价值要素和产品的市场要求、使用价值无缝对接，这才是高职教育的真正生命力的体现，也是高职教育服务的导向、高职学生就业的宗旨。也只有这样，才能建设成有人气、接地气、合行业气、融企业气的高职院校文化。但在文化建设实践过程中，学校文化的公益性与企业文化的利益性形成了异质的矛盾。虽然两者合作的政策目标是育人，但是高职教育培养的是适应职业一线的高技能人才，企业的政策目标也是育人，但其最重要的则是追求利润。两种文化的融通尚处于简单的物质文化、行为文化的融合，对于制度文化或文化理念的学习交融还未深入。

从内部诸构成要素来分析，也存在一些失衡的现象。就建设主体来讲，主要是教师和学生。但在当前形势下，这种失衡现象既存在于建设主体内部，同时亦显现于主体间。如教师的学科教学能力与工程服务能力的协调问题即“双证”能力问题、学生类型多样化与学生个性化发展问题、教师队伍的职业化发展与学生职业成长的问题等。就建设内容来说，主要包括物质、行为、制度与精神环境等方面。由于高职院校多数都是新建院校，因而在文化建设方面的经验积累比较薄弱，但是这又是优势，可以结合自身发展特色充分体现后发优势，精心策划与实施提炼，并经过师生员工的长期积淀，形成特色文化内涵。但在实践过程中，却往往存在“四化”现象，即：内涵简单化，囿于校园文化建设；价值功利化，重职业技术轻人文素养；倾向泛职业化，强化职业属性弱化教育属性；实践零碎化，缺乏顶层设计和系统实施。

5. 建设路径

高职院校文化建设是一项系统的生态工程，它既反映了与周边文化生态的信息、物质和能量的交换，同时也体现了自身历时性的文化历程与积累。因而，高职院校文化应当是动态性与发展性相统一、包容性与独特性相结合的生态，是文化自觉与责任担当的有机统一。高职院校在自身文化建设的过程中应当充分激活内部主体的主观能动性、积极性与创造性，充分利用外部有效资源，在保持自身发展优势的同时创制新的文化生长点，打造新的文化发展点，积极构筑内外和谐、动态平衡的文化生态。

激活内部主体的创造性。高职在文化建设过程中要有自觉性，充分激扬学校师生员工的文化自觉意识，适应经济转型与区域发展的需求，促成教师的专业成长，促进学生的职业发展，构建和谐的内部文化生态秩序，形成文化自信，引领高职院校的可持续发展。在教师职业发展上，教师应当具备相当的职业岗位工程经验与较高的专业教学水平的"双师"素质，基于"工学结合"的理念实施课程教育，具有较强的工程实践研发和社会能力，引导学生形成良好的职业素养与技能。在学生职业成长上，学生要能够养成良好的学习习惯与能力，能够得到个性化的成长辅导，习得良好的职业发展技能与迁移能力，最终实现个人职业发展的梦想。在文化环境设计上，无论是软件还是硬件建设，都应突出环境育人、文化育人，充分体现高职人才培养的目标。要凝聚学校的精神，借助办学理念、目标定位等形成师生共同的发展目标与精神激励，这是核心、灵魂；要规范学校的制度，以运行有效的管理机制来激活学校内生力，如结合教师成长的关键点设计辅助性发展政策、针对生源多样化的特点实施分类管理分层教学等；要引导师生的行为，尊重人格，营造良好的氛围，形成良好的活动设计，满足学生的多样化成长需要；要形成良好的物质环境，无论是校园自然环境，还是教学实训环境，要充分体现情操的培养与职业的熏陶。

利用外部资源的有效性。高职的发展离不开良好的外部环境与资源价值。首先是学校的办学目标要切合社会经济与区域发展的要求，使学校的发展方向与区域经济、行业发展规划相切合，使专业的开发建设与区域社会经济文化和行业发展相适应，人才培养的规格要切合市场与岗位的要求，同时要开门办学，突破校企合作的瓶颈，实现互利共赢，最终使学生受益，提高学生的职业素养、社会适应能力和可持续发展能力。也要更多地寻求政策性支持，充分抓住发展机遇，促进学校的多层次发展。同时在国家层面要形成多部门联合支持高职教育发展的局面，而不应是教育部门的独角戏；区域政府也应把高职教育纳入正常视野而做好与地方产业对接工作，从政策落实等诸多方面支持产业的发展。同时通过法制与税收政策的制定与完善，引导行业企业深度融入学校发展中来。

第三节　“筑美”文化生态的思考实践

江苏建筑职业技术学院（简称“建院”）在其40多年办学征程中，三易其制，五更其名，长期以来服务于煤炭、建筑行业，形成了浓郁的院校文化特色与良好的人才质量口碑，也形成了“筑美”——更好的人才培养质量与更高的办学成效——高职院校文化生态的思考与实践探索。江苏建筑职业技术学院前身是中国人民解放军基建工程兵第三技术学校，成立于1979年。1983年，国家裁军百万，学校划归原煤炭工业部，更名为徐州煤矿建筑工程学校，1984年更名为徐州煤炭建筑工程学校；1998年划归江苏省人民政府，更名为徐州建筑工程学校；1999年，经教育部批准，升格为徐州建筑职业技术学院；2011年，更名为江苏建筑职业技术学院。

40多年来，学校伴随改革开放，因应时代要求，投身国家建设，服务社会发展，从部队院校到中专院校，再到高职院校，不同时期的发展经验积累成学校事业再攀高峰的精神财富与激励担当。汉皇故里、泉山东麓，初创者们承载着为国家“四化”建设、煤炭建筑行业培育人才的重要使命，凝结而成的军校文化基因流淌在技能人才培养的日常里。中专校时期，学校建成全国最大的重点中专校，形成“煤建校”的社会口碑，奋斗奉献的煤炭文化情怀成为干事创业谋发展的精神风尚。进入21世纪，学校在教育部人才培养工作评估中获得优秀，在国家示范性高职院校验收中以优秀等次通过，追求卓越的建筑文化成为自觉推动事业不断发展的深层动力。高职教育新时期，面对百舸争流千帆竞渡的态势，学校爬坡过坎，抢抓机遇，学校发展不断取得新成绩，被评为国家优质高职院校，入选江苏省高水平高职院校、卓越高职院校，入选中国特色高水平高职学校和专业建设计划（A类专业群）。

学校事业发展不断取得成效，逐步形成了以服务建筑行业为办学特色的高职院校，同时也追求学科综合发展，不断提升学校办学综合服务贡献度，不断追求更高的办学目标与办学成效。这既是筑基于一代代的建院师生的默默奉献，也源于一个个建院校友在各条战线的辉煌业绩。“筑美”，既是对建院过去文化历史的自发传承，也凝聚着我们对文化内涵的自觉创造、文化成果的自信展示，更是建院特色文化效应的认同体现。

1. “筑美”要义溯源

筑，《说文解字》有云：“以竹曲。五弦之乐也。从竹，从巩。巩，持之也。”其本义是一种击弦乐器，用竹尺敲击出各种乐曲。《辞海》中“筑”[①]的释项中，作动词主要指“造房子、建土木工事”，或“捣土使坚实”；作名词主要指“建筑物”“捣土用的杵”，释例如“项王伐齐，身负板～，以为士卒先”“畏人成小～，褊性合幽栖”，另指中国古代击弦乐器，“筑，以竹鼓之”[②]。可见，“筑”字都是以动作的构建来追寻美好生活。

美，《说文解字注》：“美，甘也。从羊从大。羊在六畜主给膳也。美与善同意。”其下注云：“美也。甘者，五味之一。而五味之美皆曰甘。引申之凡好皆谓之美。”[③]《辞海》中对“美”的解释主要有“味、色、声、态好”“才德或品质好”“善事，好事”等义项。由此释义，“美”字则指对美好生活的描述与旨归。

“筑美”一词，从普遍意义上而言，则是强调美好生活的回归与建构，其内在宏旨宽泛普适。从特殊场域来讲，则是代表了学校特色文化的传承创新，有着其个性化的符号特点、体系化的建构路径，正如蔚为大观的高职文化丛林中一棵别有韵致的文化大树，厚植于深厚的文化沃土，在信息传播、知识传授和技能传承中，帮助学生成长，创造美好生活，为社会培养有用的高技能人才。

2. “筑美”实践思考

十年树木，百年树人，学校文化的建设，需要在相对的校园物理空间内、

① 辞海编辑委员会. 辞海[M]. 上海：上海辞书出版社，1999：4867.

② 同①，4853.

③ 许慎，段玉裁. 说文解字注[J]. 上海：上海古籍出版社，1981：146.

育人全过程中诸多要素共建共享。学校文化的建设，要立足于学校发展的历史传统与文化遗产，充分实现师生两个文化主体共建、校企两个文化场域融合，形成师生共同认可、共同信仰、共同遵循、共同守护的精神文化、制度文化、行为文化和环境文化，内化于师生之心、外化于师生日常教学的行为。学校筑美文化的建设，是对学校文化历史的高度凝括，是对学校文化建构的深度聚焦，也是对学校文化传播的远景展望。学校筑美文化的构建与凝铸，以立德树人为根本任务，融入育人全过程，犹如引导一个学生的成长，要晓之以美之源，授之以美之技，传之以美之神，熏之以美之韵，塑之以美之形，要反映学校气息、地域特质、职业气质、社会气象。

第一，要深植学校的文化传统。文化的构建必须深耕于学校发展史，不断汲取养分，生成新的文化成果。学校在自身发展过程中，既有军校初创的艰苦岁月，亦有全国重点中专校的华丽转身，更有国家示范性高职院校的品牌效应，这里既有转制的痛，有转型的惑，有升格的丽，更有蓝图的美……这些，都是筑美文化建设中需要深耕的历史资源，需要我们深刻挖掘学校“三个文化”的内涵本质。

军校文化的传承是我们进行学校文化建设的基本态度。军人的生活是刚性的，军规军纪是军校日常生活的纲纪。大到施工战场上的令行禁止，小到士兵床铺上的方正“豆腐”，无不体现了纪律的威严。纪律，是我们组织活动的根本要求。因此，作为一级组织，我们要承军校之遗绪，以法纪法规和学校规章作为师生员工工作、学习和生活的圭臬。基建工程兵的战场是分布在四面八方的基本建设现场，服务于新中国成立初期的现代化建设。因此，吃苦耐劳便自然成为工程兵技术人员培养的基本要求。我们的学生主要也是面向建设、生产、服务一线的技术型人才，尤其是建筑大类的学生，技术生命力、岗位发展力都要求我们学生必须立足于现场、服务于现场，吃苦耐劳的职业精神是我们人才培养的应有之义。工程兵的培养，是服务于社会主义基本建设的各条战线，为社会主义建设提供可靠的物质条件与技术支撑。同样是使命，要求我们的育人工作是为国家建设与社会发展提供技术过硬的建设者与素质可靠的接班人。这也是我们社会主义建设必需的物质条件与技术支撑。

煤炭文化的发扬是我们学校文化建设的基本要求。煤炭行业是艰苦部门，需要一种奉献精神。敬业奉献精神也是我们当前社会主义核心价值观的内涵之一。在我们的人才培养过程中，需要把这种岗位意识贯穿在日常教学与职业技能训练中；也需要我们教职员工能够落实到日常的教育教学和管理服务岗位中，促进学校的发展与个人的进步。“黑金”开采与能源开发是国民经济发展的主动力之一。学校为煤炭行业发展培养技术人才、开展技术合作、探索联合培养等，形成了良好的服务企业、服务行业的机制与办学传统。这种服务的文化因子的继承，需要在以后的学校发展过程中，继续跨组织交流、跨区域学习、跨国域借鉴，继续做好合作与服务工作。在社会经济发展过程中，煤炭行业一直在起伏不定的市场条件下坚守着，服务于国民经济发展大局，谋划着转型发展之路。在学校发展过程中，尤其是在专业建设过程中，牵扯到专业结构调整、专业布局调整，必然涉及部分教职工的切身利益，这就需要我们教职工有大局意识。学校的发展是盘大棋，只有大棋下好了，专业与个人才会有进步的空间。只有学校发展了，才会有更好的专业发展与个人发展。

建筑文化是我们学校文化建设的目标和诉求。建筑的质量是百年大计。同样，学校人才培养的质量也是百年大计。这既是学校可否在日益严峻的高职竞争中获得生存的关键所在，也是我们学生能否以其高质量的岗位技能与职业素养获得市场认可和社会认可的根本途径。建筑也是责任工程，建筑人的责任关系到民生安全。学校有责任让自己向社会提供的每一位毕业生都是可造之才，老师有责任让自己的每一个学时都成为学生获得知识的阵地，每一个学生都有责任让自己通过学习与实践成长为对社会有用的人。鲁班是建筑匠人的鼻祖与精神代表，鲁班奖也是我国建筑业界最高的品牌。树立品牌，需要经营理念。文化品牌的打造更是学校综合实力的体现，需要我们在专业建设、科技服务、学生培养等方面都要有精品意识和扎实的行动，可先在某一方面做出精品，做成品牌，然后走向学校综合实力与文化内涵的品牌化发展之路。

第二，要专注学生能力的培养。学校人才培养，就是要培育学生创造未来美好生活的能力，这不仅仅是学生职业技能的培养，更包含对学生美好品质的塑造，成人成才相辅相成，德技互兼俱备。在培养学生的过程中，要引导学生脚踏实地，厚实人生起步的基础，树立科学的价值观体系，不断提升思想道德素养，崇尚技能，建筑美好的生活。

要引导学生正确认识成长的自然环境。这是施教者提高人才培养效率的起点，也是受教者构建人生蓝图的起点。要正确分析生源群体结构特征与个性特征。由于生源竞争的日益加剧、人口与社会阶层结构的相对变化，学校目前生源整体上以苏北和西部地区居多，生源结构多样化，有提前自主招生、对口单独招生、普通高考招生、复员转业军人招生等形式，因此在教育形式与教学设置上，必然要根据学生个体发展需求，进一步深化“分类教育、分层教学”的人才培养模式改革，探索开展适应性、小众化、项目式的教学手段与教学方式。

要引导学生正确认识成长的思想环境。随着中国特色社会主义建设事业不断深入推进，市场经济与政治体制改革进入深水区，社会思想环境呈现多源流碰撞激荡，高校必当成为各种社会思潮辩论、角力与斗争的场所。这既是一个国家、一个民族政治社会化进程中必经的过程，也是每个公民个体在其政治社会化进程中必须上好的一节课。在当前，要全面深刻开展社会主义核心价值观教育，把学习、践行社会主义核心价值观融入课程教育、社团活动中，真正做到我学习、我信仰、我践行。

要引导学生正确认识成长的技能社会。“劳动光荣，技能宝贵，创造伟大”已经成为社会共识，建筑产业现代化、“中国制造 2025”规划、“互联网＋”等呼唤着技能社会的到来，产教融合、现代学徒制、混合所有制等为学生提供了技能的习得途径。因此，要结合学校办学特色、专业建设现状、市场人才规格等，深入开展“大学生创新创业五项工程”，大力推进“363”校本创新创业教育体系建设[①]，教做学一体、教赛练融合，不断提升学生技能水平与职业能力。

要引导学生正确认识成长的文化环境。学生的培养是个系统化的文化

---

① 【中青在线】363 创新创业教育体系　助学生扬起“双创”风帆[EB/OL].(2016-11-28)[2022-10-13]. http://www.jsjzi.edu.cn/2016/1128/c4198a50045/page.htm.

传输工程，既要传授学生安身之技，也要传授学生立命之德。文化品质的提升、思想素养的培养，需要一个润物无声的氛围。这需要继续坚持厚生讲堂的道德引领、修身工程的文明塑造、地域特色的文化浸染、日常管理的行为规范，继续开展"六项"教育、实施"六个一"工程，全面提升学生文化素质与思想素养。

第三，要加强教师榜样的引领。教育本身是一种文化的传授与再创造，在这其中，学校特色文化的凝铸，学生的社会成长、职业知识的获得、职业技能的习得等，都离不开教师的教育、引导和示范。教师群体在教育教学过程中所体现的职业文化、展示的职业技术、展现的职业道德和表达的职业追求等，本身就是一种言传身教的文化示范，在学生成长的人生轨道里，犹如一汪泉眼，会一直留下滋润的痕迹，烙下筑美文化的神韵。

教师要乐教。在学校发展的历史上，学校教职工形成了"校荣我荣"的爱校爱家爱生的优良传统，尤其是近十来年的高职升格发展道路，正是一批又一批的教职员工的爱岗、敬业、奉献，才有了学校长足的进步、办学内涵的提升和声誉品牌的铸就，也才有了学生规模的稳步扩大、培养质量的稳步提升和人才市场的稳步发展。因此，学校要建立师德评价标准、规划职业发展、加强岗位管理、强化绩效引导、完善职称评聘体系，实施"乐业"计划，引导每一位老师扎根岗位，爱岗乐业，把个人成长与学生成才、学校发展有机统一起来。

教师要善教。工欲善其事，必先利其器。高职教师之利器，应是能够把市场人才规格与课堂质量标准有机结合，行业发展需求与专业发展方向有机融合，职业资格标准与人才培养标准有机统一，职业教育规律与学生成长规律有机统一。教师的课堂不仅是教室、实训室，而更应该包含在真实的市场里、实践的情境中。因此，要继续深入开展以提高教师职业能力为宗旨的金泉工程，实施分类有序培养，培养高层次人才，引入国际教育背景，强化对接服务产业的能力。

教师要治教。要研究教育规律，探索建筑行业现代转型下人才培养模式变革，探索产业、行业、企业不同需求下学生成长的适配性与外部性；要研究教育对象，坚持一切为了学生，为了一切学生，为了学生的一切，促进每一个学生的充分发展；要加强自我修养，不断提升职业道德，提升职教素养与文化涵养。学校要持续深入开展系统化的师德建设，实施教师“素养计划”，着力提高教师师德水平、文化素养和教育情怀，强化教师创新精神、思辨精神，促进教师树立热爱建院、奉献建院的意识，努力造就一批学识魅力和人格魅力兼具的优秀教师，提升教师队伍的软实力。

第四，要融入专业教育的形塑。专业是每一个学生成长的培养基，也是学校筑美文化的营养基。专业（群）设置与课程设计、专业（课程）文化与企业（职业）文化的融合，不同专业（群）与课程的特色凝聚和品牌创造等，无不对专业内学生的成长产生深刻的真实的塑造作用，融入学校特色文化的因子，嵌入学生人生大厦的基础，在日常学习生活的熏陶中体现出学校育人工作的成效与韵致。

要提供合适的教育。专业的教育要适合学生的成长。由于生源多样化与需求差异化，这就要求因材施教、因人施教，突破传统授课讲学模式，突出学生个性成长需要、职业发展需求，推进“分类培养，分层教学”模式改革，以满足不同学习能力学生的发展需要。专业的教育要适合教师的发展。要不断提高教师对专业发展前沿的把握能力，不断提高对市场发展动态的把握能力，不断提高对产业发展信息的把握能力，从而增强为学生提供合适教育的能力。

要提供特色培养。学校在面向市场、服务发展的过程中，建立起动态的专业调整体系，形成了国家示范专业、省级品牌专业、校级品牌专业三级宝塔式专业建设体系，形成建筑大类、现代服务类、机械工程类、能源交通类等专业协调发展的模式，形成了各有特色的人才培养模式。要根据不同专业市场的发展变化，聚焦内涵建设，坚持立德树人，坚持人文教育与技术文化相结合，促进职业技能培养与职业精神养成相融合，推进专业、课程和教材改革，形成相互协调、融合发展的专业体系，培育具备卓越技术技能的人才。

要提供合作平台。产教融合、工学结合、校企合作是高职教育人才培养的必然之路。学校坚持建筑类特色不动摇，专业对接建筑全产业链，牵头成立江苏建筑职教集团；坚持校企合作道路不动摇，本着“互相支持、双向介入、优势互补、资源共享、互惠双赢、共同发展”的原则，建立了 22 个企业学院，校企联合开发项目、培养人才、转化科技成果等。下一步要坚定不移地以产教融合为主线，全面推进办学体制机制创新和教育教学综合改革，推动人才培养机制改革，搭建协同育人平台；提高科技创新水平，增强科研和社会服务能力。

第五，要注重校园环境的熏陶。学校文化建设融于学校“软”“硬”两种校园环境中，无论是外在的楼宇、景观、实训场所等物质环境，还是内在的行为、制度、理念等非物质环境，总是在无声中以学校文化来区别于他者的形式与内涵。当我们处于他者的文化场域中时，首先领略到的是其外在形的美，如精致的景观、巧妙的结构、校本的特色等，在对形的美的欣赏中会渐次感受到其内含的精神之美。如学校按照“源于现场，高于现场”和“集成、共享、开放、创新”的思路，遵循“围绕软件建硬件”“职业技能训练与建筑文化展示相结合”，建成全景式建筑技术馆和科技智慧城市馆，被住建部领导评价为“全国建筑类高职院校校内实训基地建设新标杆”，被评为中国建筑学会科普教育基地。

第二章
强化党建引领，把准育人的文化方向

高职教育类型定位，已经从政策法规层面上获得认可，但如何去获得社会大众的认可，不能简单认为这是政策层面的事，更重要的应该是从文化层面来思考和落笔。高职教育主要是为国家经济社会建设供给技术技能人才，提供技术服务，传承创新文化等，本质上就是技术文明与技能文化的传输，基本途径是产教融合、校企合作，主要任务是为社会主义现代化事业培养人才。因此，高职教育发展，首要任务是立德树人，加强党对学校事业的领导，强化党建引领作用，建设思想政治教育共同体，把准把牢文化育人的方向。

第一节　坚定正确的文化育人方向

对于高职教育人才培养目标，学术研究和教育实践中都有着不同的见解，规格定位总是介于技术人才到技能人才两个象限中，但其实质是知识、经验和能力的传授，无论课堂理论知识讲授还是现场缄默经验习得，这种技术技能的传递，不仅是物质生产力的传递培养，更应是精神生产力的灌输塑造。因此，教育过程本身便是带有特定政治属性与民族品格的活动。我们高职教育人才培养最终目标是为国家经济社会建设一线源源不断地提供优质技能人才。这一育人活动必须坚定正确的政治方向。

1. 坚持正确文化育人方向的意义

坚定正确方向是高职教育政治属性的根本体现。古今中外，关于教育和办学，思想流派繁多，理论观点各异，如苏联的学科主义教育模式、美国杜威“教育即生活”的实用主义等，但教育必须是在培养社会发展所需要的人。说具体，就是培养社会发展、知识积累、文化传承、国家存续、制度运行所需要的人。所以，古今中外，每个国家都是按照自己的政治要求来培养人的，世界一流大学都是在服务自己国家发展中成长起来的。我国社会主义教育就是要培养社会主义建设者和接班人①。高职院校主要培养技能型人才，主要面向国家经济社会建设一线。落实立德树人根本任务，是培养有用人才的第一步。“才者，德之资也；德者，才之帅也。”育才工作第一步是立德，人无德不立，育人的根本在于立德。首要是坚持我国大学最鲜亮的底色。在当前复杂的国际国内形势下，意识形态领域斗争复杂，社会思想混杂多元，这就要求我们在青年学生培养过程中，坚持马克思主义主旋律，将社会主义核心价值观贯穿人才培养全过程，充分发挥思想政治理论课主渠道作用，协同推进思政课程和课程思政同向同行，加强社会公德、职业道德和家庭美德教育，把立德树人内化于学校建设管理各个领域各个环节，融合校企双主体各方力量，形成思想政治教育共同体，把我们高职学生培养成有一技之长的社会有用之才。

坚定正确方向是高职院校教育属性的本质要求。我国高职教育主要是学校教育，政府是主要举办者，新时代的职教改革，将是“基本完成由政府举办为主向政府统筹管理、社会多元办学的格局转变，由追求规模扩张向提高质量转变，由参照普通教育办学模式向企业社会参与、专业特色鲜明的类型教育转变，大幅提升新时代职业教育现代化水平，为促进经济社会发展和提高国家竞争力提供优质人才资源支撑”②。德国早期职教学家凯兴斯泰纳认为职业教育是公民就业前的准备教育。回顾新中国职业教育发展史，从初期建立技术技工学校开展企业师徒培训，到充分体现计划经济资源配置特征的计划经济时代的职业教育，在服务国家经济建设、推进构建独立完整工业体系、提升国民整体教育素质等方面都作出了贡献。改革开放以来，随着

① 习近平：在北京大学师生座谈会上的讲话[EB/OL].(2018-05-03)[2022-09-28]. http://www.xinhuanet.com/2018-05/03/c_1122774230.htm.

② 国务院关于印发国家职业教育改革实施方案的通知[EB/OL].(2019-02-13)[2022-07-03]. http://www.gov.cn/zhengce/content/2019-02/13/content_5365341.htm.

社会主义市场经济体制改革不断深入，产业发展升级不断加快，职业教育也在适应国民经济发展过程中的不断深化改革，职业教育体系逐步成形，在提升劳动力技能、改善人力资本结构、服务行业发展方面作出了重要贡献。尤其是21世纪以来，职业教育改革加快步伐，高职教育规模内涵跨越式特色发展，现代职教体系逐步形成，有效满足了人民群众对教育的需求和技术技能人才的需要，为实现人力资源大国向强国的转变作出了贡献。因此，进入新时代，作为职业教育的主力军、领头羊，在全面建设社会主义现代化强国的伟大征程中，高职院校应深化落实立德树人、文化育人，进一步深化产教融合、校企合作、育训结合，进一步巩固中国特色的职教类型特色，提升技能人才供给质量，在服务国家经济高质量发展方面作出更多贡献。

坚定正确方向是高职市场作用发挥的政治保障。职业教育是生活的教育。过去职业教育理论研究与实践过程中存在着"职业"与"教育"谁是重点的论争，但无论是作为"为就业准备的教育"还是"职业的教育"，职业教育本就源于人类生产生活过程中有关生产技术工艺的传授传承。也就是说，职业教育本是源于生产的需要，自然培养的技能人才也应是适应生产与市场的需要。这里面包含两个维度的理解：一是时间维度，主要是教育形式的问题。随着从传统社会到现代社会过渡中人们生产技术的变革前进，职业教育形式经历了从师徒相授到学校教育再到现代学徒制的发展演变，区分焦点是：是生产现场的教育传授还是学校课堂的讲授传教、是以市场还是学校为主。德国双元制是长期以来形成的以企业、行业为主体的社会合作经典模式，我国职业教育则是政府主导的学校教育。二是空间维度，主要是教育内容的问题。如前文所述，职业教育是为就业而准备的教育。我国过去职业教育一直存在理强实弱、校热企冷等亟待解决的根本问题。高职教育也存在着重技术、轻人文等问题，即过分看重学生职业技能等硬条件的塑造培养，对学生综合素养等软能力的培养却未加以充分注意。理强实弱、重理轻文等现象实质上反映了职业教育深层次人才培养方向——毕业生市场适应性问题。2019年初，国务院印发《国家职业教育改革实施方案》，为新时代深化职业教育改革提供了政策性纲领，也为解决这个深层次问题提供了根本遵循。方案首次明确职业教育与普通教育是两种不同教育类型，具有同等重要地位，强调把职业教育放在更加突出的位置，以促进就业和适应产业发展需求为导向，坚持立德树人根本任务，推进产教融合、工学结合、校企合作、育训结合，着力培养高素质劳动者和技术技能人才。

2. 高职院校文化育人的主体性分析

职业教育是相关职业劳动知识、经验与能力的传输培养，这实质上是人类在劳动过程中积累的生产技能与劳动素养的传承创新。因此，高职教育本身便是生产文明的传递活动。21 世纪以来，我们对职业教育人才培养途径的语汇表达有半工半读、校企合作、工学结合、产教融合等，这些词语语境的演化，反映了职业（高职）教育主体性的变迁，在强调学生、院校、企业等微观主体合作性实践的同时，更注重在政策和产业的宏观视野下推进技能人才的融合培养。因此，对于高职院校文化育人工作，便可以简要地从主体性来进行分析，在外源性信息融入与自我内生性发展的过程中审视。由于职业教育育人的特殊性，这种育人工作是在特定的文化场域内进行的，主要是在学校课堂教学和企业生产过程领域内开展。因此，对两种组织文化及二者融合的分析是做好文化育人工作的前提。

学校文化，是在特定的环境里，围绕教书育人、技能人才培养，师生共同塑造的价值观、规章制度、心理习惯和行为规范，以及在校园内呈现的物质条件、物理基础等外在表现。其主体是全体师生员工，体现了学校的“综合个性”，其最高价值在于促进“校园人”的发展[①]。而企业文化则是在生产经营实践中逐步形成的市场价值观、经营理念、管理制度以及行为规范等，并为企业员工所认同和遵守。企业文化是一种经营文化，其目标是追求市场利润。高职是职业教育类的高等教育，既有普通高校一般的文化属性与功能，也有职业教育自身特定的文化内涵，如教育性与职业性、普适性与专门性等。产教融合、校企合作是高职办学的基本途径，这就决定了高职院校文化建设是学校文化与行业、企业文化的不断磨合，从精神、制度、行为、物质等多个层面深入融合，形成有利于技能人才培养的文化环境。

从成长规律来讲，技能人才的形成主要包括职前教育、在职培训两个前

① 匡维.“三螺旋”理论下的高等职业技术教育校企合作[J].高教探索，2010(1)：115-119.

后衔接的过程。目前有代表性意义的职业教育模式或技能形成体系均较好地处理了两者的衔接关系，并为本国家或地区的经济社会发展提供了良好的技能支撑，如德国的双元制、日本的厂内培训等。我国职业教育以政府办学为主导，鼓励提倡多元主体办学，在基本途径上实施产教融合、校企合作，去探索、积累并形成中国特色的职业教育模式。从组织文化角度来讲，培养合适的技能人才，是学校与企业的共同追求，但两者在文化上仍然有着不同。因此，我们需要从同质性、异质性的角度来对二者进行分析。

作为组织文化的育人功能，两者有着导向激励、交融互鉴、促进发展等相通之处。与院校文化一样，企业也是通过塑造共同的价值理念、精神追求和共同的行为规范等，形成良好的企业文化与员工事业认同心和内驱力，在创造价值时促进员工个人成长、履行社会责任。这种文化认同作为一种软约束力，是促进事业发展的最大导向激励，与制度纪律一起形成对院校发展、企业进步的促进。两者也需要交融互鉴地发展。无论高职院校，还是行业企业，文化构建均是与周边环境里的物质、信息和能量进行交换，二者围绕技能人才的培养与使用，在国家或区域政策文化框架下相互吸纳借鉴，推动形成教学文化与职业文化的相融相通。而这种交融互鉴，在促进二者事业发展的同时，更促进了人的开发、培训和使用。育人，是院校的核心使命，也是企业发展的根本依靠，而实现人的培养规格与使用要求的内在一致，也应是两者共同的努力目标。

当然，两者也有异质性的差别，主要来说是高职院校强调教育公益性，而行业企业则更关注市场利益。技能人才培养是高职教育的责任使命，注重技能的养成与职业素养的培养，始终体现社会的主流价值观与精神主旋律，既要体现出高等教育的内涵和精神实质，更要表现出高等职业教育的独特文化内涵，它培养的是高素质的高端技能型人才①，从根本上说，是培养什么人、为谁培养人和怎样培养人的问题。而企业则是强调技能人才的培训，注重员工技能的使用与开发培训，在生产经营过程中创造利润，基于企业利

① 严俊杰，汤忠义，段慧兰. 基于校企合作的高职院校校园文化建设探析[J]. 理工高教研究，2010(1)：141-144.

润与责任来营造和构建生产经营文化，强调员工业务技能、职业责任与岗位贡献等。

3. 校企合作文化育人的路径

校企合作文化育人，有利于促进多方共同发展。对于高职院校而言，在技能人才培养过程中，更多地引进职业环境、生产情境中的文化因子，在院校企业的组织文化融合中培育出适合市场需求的人才，是职业教育的直接目的，更是高职院校核心竞争力的最直接体现。同样在校企文化融合中，学生可以更好、更早地适应职业环境，更有效地掌握行业一般技能、岗位技能，从而提升人才培养的针对性、有效性。对于企业来讲，介入技能人才培养，可以缩短企业人力资本开发周期，降低成本，尽早提升准员工对企业文化、经营理念等的理解与认同，增强企业文化影响力与市场竞争力。

文化，是人们在日常生产生活中形成的价值认同与行为规范的结果，目前对文化的定义与分类有多种观点。这里借用文化四分说，即从精神、制度、行为、物质四个方面来分析校企合作文化育人的路径。从物质基础来说，主要有两个：一是校园环境，要结合办学特色、行业背景、企业元素，让学生在日常行走的学习生活空间里，体验到润物细无声般的潜移式教育；二是要在教学实训条件中，通过虚拟情境、模拟情境、真实情境等引入职业情境，让产业链、价值链、标准链体现在专业、教学、课程中，在开放中打开高职教育的物理边界，在缄默知识教育中提升学生的技能水平。从行为养成来讲，产教融合、校企合作条件下，主要通过理实一体化的教育学习，让学生了解并习得未来职业岗位的职务规范、工作标准与行为习惯，学习掌握相关专业技能，养成良好的职业精神、职业道德。从制度规范来讲，随着类型教育定位的确立，要从政策法规、行业约束、教学管理、日常教育等诸多方面进行引导、约束、激励和规范，尊重企业等办学主体地位，在教育教学实训管理中逐步融入并提升企业的专业技能。在精神层面上，文化是全体师生员工共同价值观和行为准则的集中体现，应融入优秀的企业文化，以社会主义核心价值观引领技能人才形成过程，大力开展职业道德和职业理想教育，努力建设具有高职特色的校园精神文化。

第二节　建好高职学生党员质量体系

高职教育的基本功能是为国家生产、建设、管理、服务一线提供数以千万计的技能人才，为中国特色社会主义现代化事业培养建设者与接班人。因此，加强党对高职教育的全面领导，保证高职院校正确发展方向，最基本的就是要保证人才培养过程中的方向正确，“要充分发挥党组织在职业院校的领导核心和政治核心作用”，“推进职业教育领域‘三全育人’综合改革试点工作，使各类课程与思想政治理论课同向同行，努力实现职业技能和职业精神培养高度融合”[①]，在加强全员全过程思想政治教育成效的同时，也需要加强对有政治追求的优秀青年学生的教育引导，以高质量学生党建工作为龙头，引领青年人才的成长成才。

高职学生党建工作的主要任务是增强优秀学生的政治信仰，树立远大理想，培养优秀的中国特色社会主义事业建设者与接班人。高职学生党员和入党积极分子作为高职学生中的优秀群体，他们的政治思想素质、职业素养与技能直接体现了高职院校人才培养的成果。加强高职学生党建工作、建立学生党员质量体系、提升学生党员政治素养和职业素养，是引领高端技能型人才培养的需要，是满足行业企业发展的需要。

1. 高职学生党员质量体系的内涵

高职教育是一种“跨界”教育，“跨越了企业与学校，跨越了工作与学习，即跨越了职业与教育的疆域”[②]。高职学生党员的培养，质量体系的构建，自然也是“跨界”的，这不仅仅是高职院校的应然使命，同时也是企业的必然责任，从培养场域上讲，需要产教融合、工学交替，从组织阵地来说，需要双阵融通、校企合作。

概要地讲，高职学生党员质量的承载主体主要有学校、企业和学生三方

---

① 国务院关于印发国家职业教育改革实施方案的通知[EB/OL].(2019-02-13)[2022-07-02]. http://www.gov.cn/zhengce/content/2019-02/13/content_5365341.htm.

② 姜大源.中国职业教育发展与改革：经验与规律[J].职业技术教育，2011,32(19):5-10.

面，质量体系可以定义为：由组织（学校、企业）的外化教育和党员个体（学生）的内化提升的主体性作用，借助制度设计、过程控制、资源整合等一系列的系统性整体性措施，形成主体职责明确、程序清晰和主体间相互协调、相互促进的质量管理与控制的有机整体。其实质也是人才（学生党员）培养的过程管理与质量控制，这需要契合高职学生的培养过程，切合学生党员的成长规律。简单地说，就是工学交替，双阵融通，构建高职学生党员质量体系。

2. 高职学生党员质量体系面临的要求

产教融合背景下职业教育人才培养方式趋于多元化，也对新形势下高职学生党员质量体系在质量标准、控制过程、建设主体以及评估反馈方面提出新要求，以助力高职技能人才培养，引领高职院校思想政治工作，提升高职院校党建工作水平。

（1）建立综合性质量控制标准，强化技能性标准

大学生党员发展是一个综合的系统性工程，首位是政治素养要求。在传统学校教育模式下，质量标准体系是一个相对可控可量化衡量的系统，系统内相关职能部门和基层组织在学校场域中完成对一个优秀青年学生的政治成长关键环节的标准化考察。现代学徒制等产教深度融合培养模式从根本上来说，是教育与市场的融合、专业与行业的融合、课程与岗位的融合，这必然要求高职院校在职业教育场域中既强调学生的专业成长，也注重学生的职业成长，尤其是职业技能与职业素养的综合提升。因此，新的技能人才培养背景下，高职院校学生党员质量标准应是政治性、专业性、技能性要求的统一，在真实的职业环境中，学生有坚定的政治理想、优秀的学习能力和精湛的职业技能。

但从目前实践来看，高职院校学生党员质量标准依然是在传统教育方式背景下制定的标准，过于强调课程学习标准，考察校园生活情况，忽视或弱化职业情境下的政治成长考察与职业技能考量。例如笔者所在学校多数二级院系在党员发展工作中所使用的考察积分表，列入了学生校园生活的方方面面，事无巨细，却鲜有将企业意见或师傅意见等纳入考察，缺少对职业技能情况等本质性内容的考察。

(2) 完善体系化质量控制过程，注重学生自我教育

学生党员质量体系化的控制过程应当包含标准的建立、实施、控制与监督、作用发挥与反馈等。从发展程序来讲，学生党员发展已经形成了“三投票三公示一答辩”的规范化程序，有效地保障了发展的规范性；高校学生党建工作标准也对学生党员发展、学生党员教育管理和学生党支部建设提出了标准性要求。但在基层学生党建工作实践中，虽说学生党组织设置相对比较完整，但却未形成有效的组织间合力，市场组织力量未能有效地融入学生政治成长过程。在学生党员教育管理上，侧重于在校期间党员的继续教育管理，而校外的教育管理乏力。在学生党建工作时效上，囿于三年学制时间的惯性思维，未能充分利用学生长时间的校外实训的职业环境的教育熏陶。

优秀的青年大学生的政治成长不仅是高职院校党建工作的主要内容，也是高质量教育的主要承载。当前高职学生生源多样化、学情复杂、信息接受快，在各种社会思潮交流、交融、交锋、斗争的环境下，思维方式、价值观念呈现多元化、差异化状态，给理想信念教育和思想政治教育带来很大的挑战。在职业技能形成过程中，现代市场主体希望聘用优秀的毕业学子，对学生党员的质量尤其是政治素养与职业素养提出了更高的要求。但由于长期以来党建工作惯性，在党员的发展与教育管理过程中，一直把学生放置在客体对象的位置，强调规范、规定，一味地单向度推进，而未能多向度探索学生的主体作用与主观能动性的发挥，未能有效地激发学生的教育主体责任意识与作用发挥。

(3) 发挥校企协同育人作用，加强企业主体责任

随着产教融合背景下职业教育改革的逐步深入，高技能人才培养中的市场规格日益明显，企业行为、职业元素渐趋加强，教育部等六部委联合推动职业教育校企合作。职业教育的学校边界正被打破，且与市场的边缘日益模糊。企业由于理性经济人的追求，为从市场上招聘到更多高技能且有职业素养的优秀毕业生，逐步参与到学校技能人才培养过程中。高职学生党员由于具有良好的政治素养、优异的学业成绩和综合的职业素养等，更是受到行业企业的青睐。目前学生党员发展程序还是一个相对闭合的过程，

由于所属行业、企业性质以及校企组织的文化差异，企业主体地位作用的发挥差异较大，发展党员工作的程序没有逾越这种差异，发展工作断裂[①]。

因此，要进一步加强企业主体责任的发挥，要坚持分类推进、有序融合、有机开展。学生党建工作的开展、学生党员的教育培养，根本上也是优秀技能人才培养的重要内容。因此，合作企业应当承担教育的社会责任，参与学生党建工作，融入优秀青年大学生的政治成长与综合职业素养的提升过程中。

(4) 建立健全质量评估反馈机制，加强制度保障

学生党员的教育管理、作用发挥与学生党建工作质量不仅是单向度的人才培养输出，也应包括反向度的质量评估与反馈，主要侧重于学生党员的作用发挥与评价反馈。从目前学生党建工作实践来看，工作难点主要体现于优秀高职学生的政治成长进步与示范引领作用，但作用发挥究竟如何还缺少实质性评价；学生党员等在岗位情境下的技能成长与职业素养的情况究竟如何，缺少企业等第三方的实质性客观评价。因此，在如何加强优秀青年学生尤其是学生党员的教育管理与作用发挥问题上，也需要通过反馈评价等外部性制度建设来加强保障。

3. 高职学生党员质量体系建设的重要意义

(1) 助力技能人才培养质量的提升

高职学生党建工作质量体系，与人才培养工作相结合，通过质量标准的设置，在大学生党员发展与教育管理过程中，把那些优秀的教育“产品”挑选出来，并充分发挥他们的榜样示范作用。因此可以说，高职学生党建工作本身就是优质高技能人才培养的重要组成部分，帮助优秀高职大学生获得优质的政治成长，发挥优秀的示范作用，带领周边同学同进步共发展，从而提升人才培养质量，为社会输送更多合格的建设者与接班人。

(2) 引领学校思想政治工作的有效性

党建工作首要的是思想政治建设，党员素质首要的是政治素质。青年一代有如朝阳，是国家民族的未来，也必然是国内外敌对势力、分裂力量企

---

① 董炯华，宋刚永，薛金东，等. 工学结合模式下高职院校学生党建工作创新研究[J]. 学校党建与思想教育，2012(3)：45-46.

图争取的重要目标。高职学生的职业成长是一个动态的过程，其社会成长与政治成长等也面临着复杂的社会环境。因此，明确学生党建工作质量标准，积极开展理想信念教育，引导青年大学生践行社会主义核心价值观，壮大主流思想舆论，多渠道多形式多层次地主动占领思想政治教育阵地，这不仅是大学生健康成长的内在需要，也是有效提升学校思想政治工作的有效性与针对性的重要途径。

(3) 推进全面从严治党走向纵深的得力抓手

当前，全面从严治党背景下加强高校党建工作已经走向纵深。学生党建工作作为学校党建工作的重要主体部分，其工作水平的高低、工作质量的高低直接反映了高校党建科学化水平的高低。因此，这必然要求根据具体情况，建立学生党建工作质量标准体系，合理科学地设置基层党组织，注重教育管理实效，落实健全各项工作制度，充分发挥先锋模范作用，有力地提升高校党的建设事业的科学化、规范化水平。

4. 高职学生党员质量体系的建构路径

按照正常的高职人才培养周期，学生认知实习、跟岗实习、顶岗实习等各种综合实训时间为一年左右，尤其是顶岗实习，多在半年以上；按照正常的学生政治成长轨迹，从申请入党，到成为入党积极分子，再到成为预备党员的时间需要一年半，也就是说，正常第 4 学期才开始党员发展工作，高峰期是第 5 学期(毕业班)，这时学生多数已经开始顶岗实习了。所以说在高职院校“成熟一个，发展一个”，但“发展一个，毕业一个”是有一定客观原因的。因此，学生党员质量体系的构建路径要立足于学生成长规律，工学交替，双阵融通(如图 2－1)，学校教育与企业实训(认知实习、跟岗实习、顶岗实习)相衔接，理顺学生党员发展机制，加强对学生党员的教育管理，不断提升学生党员质量。

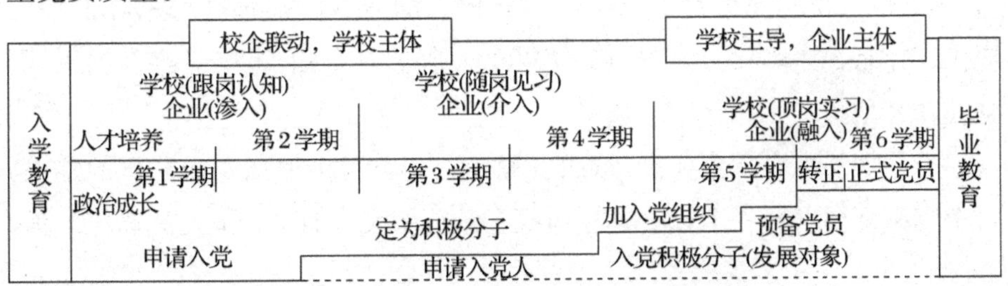

图 2－1 高职学生党员质量体系建构路径示意图

(1) 校企联动,学校主体

这里主要指学生在校学习期间的路径选择。企业应当渗入学生教育工作,介入学生成长过程。

一是要落实工作责任,建立责任网络。走上内涵式发展道路的高职院校要把发展学生党员工作纳入重要日程,以发展党员审批权下放为契机,明确发展党员工作责任,构建"四级四段"责任制网络,横向到边,纵向到底,明确学校党委、职能部门、院系党总支和学生党支部的责任,合理制订发展计划,科学实施发展工作,建立发展工作考核体系,健全工作责任追究制度,充分调动院系党组织抓好发展党员工作的积极性与创造性。

二是严把发展关口,提升发展质量。要前移拓源选苗关,做好与入学前发展培养工作的衔接,把发展工作融入学生教育,早启蒙、早教育、早培养,把入党教育融入新生入学教育中,引导青年学生向党组织靠拢。要夯实教育培训工作基础,充分依托校院两级党校主阵地,实施入党申请人、入党积极分子和预备党员的三段式培训,分类教育,分级实施,加强入党动机和理想信念教育;充分发挥实践教育的重要作用,通过主题教育、技能服务、社团活动、社会实践等形式,积极引导入党积极分子和学生党员在服务社会、服务群众的实践中受教育、长才干、做贡献;充分营造良好教育的文化氛围,在注重社会主义核心价值体系塑造优秀高职生的政治素养时,大力营造校本特色的职业文化,熏陶、浸润、提升学生的职业素养。要把牢质量标准关,结合学校实际,构建党员质量的制度保障体系,坚持标准公开、程序公平、评议公正,切实把牢质量关,在发展标准上,将综合素质、学业成绩、技能水平、奖惩情况、党校培训结果等方面的具体条件细化、硬化,确保发展党员的先进性;在评议过程中,注重评议的基础作用,团推优班级票决评议,组织考察群众座谈评议,发展对象公示评议,发展大会述职答辩评议,转正党员大会评议,毕业离校组织生活会评议,评问题、议方向,把好思想政治关;在发展程序上,时间、程序固化,条件量化,使得个人成长有目标,组织考察有抓手,群众监督有理由。

三是加强工作队伍建设,形成发展合力。要切实加强专职队伍的建设,每个院系都要设置一个以上党建组织员或党务秘书岗,工作人员选优配强,负责做好党员发展工作，定期进行培训，交流工作技能。要建立兼职队伍，聘请党委职能部门、基层组织书记和党建方面学有专长的专家担任兼职党建组织员，礼聘离退休老同志担任特邀党建组织员，指导学生理论学习，关心学生政治进步。要发挥党员教师的作用，建立党员教师“专业导师团”，成立党员教师“专业工作室”，解决发展工作与专业教育“两张皮、相脱节、相分离”的现象。

四是融入企业元素，提升发展质量。以认知实习加强政治引导，让学生在企业、市场的认知调研中明了职业能力、职业素养，感受社会经济发展成果，锻炼个人能力，对学生在思想上早熏陶，政治上早引导，培养上早着手，组织上早靠拢；以跟岗实习强化培养考察，让学生在专业实训和技能服务过程中，了解现代产业，提升专业技能，理解特色理论，践行党员标准①；以校内职业环境加强学生教育，把企业奖学金的激励教育、企业界精英的关怀教育、企业冠名班的情境教育等形式融入学生教育，尤其是新生入学教育，让学生感受职业魅力，明确发展方向。

(2) 企业主体，学校主导

这里主要是指学生在企业顶岗实习期间的路径选择。学校要建立学生党员实习期间学习、教育和管理制度，实施学生党员校外实习“三站式”教育管理，双重管理、双重考核，将学生党建工作深度融入“工学交替、校企合作，双主体育人”人才培养模式改革过程中，提升学生党员管理实效。

一是组建“驻地工作站”。在学生校外实训相对集中的行业、企业组建“驻企”党建工作站，校企联合培养，通过协议或托管等方式把学生交付给工作站，由所在企业党组织进行教育管理和培养考察。企业党组织以准员工的身份与要求对学生进行教育与管理，在专业实践中进行理论教育，在职业环境中加强思想教育，并且将学生顶岗实习期间的表现如实地填写在顶岗实习考察鉴定表上，进行考核管理，作为日后组织发展时的必备材料。

二是成立“流动工作站”。根据学生实习分布相对分散的状况，在学生

---

① 朱利萍.工学结合背景下高职学生党员发展工作创新探析[J].中国职业技术教育，2010(9):89-91.

党员相对集聚的区域成立临时党支部或党小组，并选派党员专业教师担任学生党建工作指导员，定期“进站”辅导，与企业指导师傅一起，在加强专业指导和实习检查的同时，开展积极分子、学生党员的培养、考察和管理工作，努力实现党的组织和工作的有效覆盖、有效管理。

三是建立“网上工作站”。充分运用现代信息手段，建立“顶岗实习网上综合管理系统”，对学生实习进行实时监控管理，并与学生交流沟通，及时解决实习过程中的技术问题与思想问题，加强对入党积极分子、学生党员的监督管理，组建“红色网站”、“网上党校”、党员 QQ 群、微博、党员微信群等交流平台，及时通报学校信息与理论学习要求，拓展学生党建信息交流与沟通平台，实现党建覆盖无盲区、培养考察不间断。

(3) 工学交替，学生主体

这里主要是指充分激励并发挥学生党员的先锋模范作用，着力搭建形式多样的学生党员实践载体，积极探索党员作用发挥新机制，促动学生自我管理、自我服务和自我发展，引领高职人才培养质量提升。

一是榜样引领作用。学生党员是高职学生中的先进分子，在其所在班级、宿舍等学习生活圈里具有一定的带头作用，会吸引、带领着其他学生共同前进。建立党员责任区、党员联系班级、党员导学等制度，组织引导学生党员挂牌亮身份，带头刻苦学习专业知识，提升实践技能，弘扬文明新风，做成绩优良、品行高尚的校园先锋。

二是标兵骨干作用。学生党员多数都有服务师生群众的经历，通过选拔学生党员担任助理班主任，开展学生党建进公寓、进社团等活动，给学生党员提要求、交任务、压担子，引导学生党员在服务师生、建设和谐校园过程中发挥先锋模范作用。

三是桥梁品牌作用。顶岗实习期间，学生党员既是学生，也是工人，只有不断地向师傅学习，努力提高个人专业技能，以不断精进的技能、良好的职业品质和综合素质，吸引企业，提高企业的认可度，成为校企双方在学生教育管理、实习实践、技能培养等方面联系的桥梁、人才培养质量的宣传品牌。

5. 加强高职学生党员质量体系建设的建议

学生党员发展实质上也是人才培养的一个过程，是对优秀大学生政治思想培养的强化。因此在实施过程中要首先明确质量标准，引导学生成人成才，依据质量标准、院校实情和学生成长来综合拟定；要注重过程控制，学生党建诸主体多方联动，利用“德能勤绩”微积分成长法促进学生成长，充分发挥学生主体作用，搭建政社校企联动的渠道；要注重监督反馈，建立群体评价和社会单位调查反馈渠道，依托服务对象的主体评价来检测学生党员质量，增强党员教育管理的针对性与实效性。

(1) 标准要融入职业性，突出政治性

高职教育不仅是“高等”的学校教育，也是“高技能”的职业教育。因此，高职学生党员发展应是在学校和企业两种教育场域中交融进行，应当是在思想政治的“红”中塑造出职业技能的“专”，这也是我们高职教育人才培养的根本使命。当前，在学生党建和思想政治教育工作中，要以习近平新时代中国特色社会主义思想为指导，深入开展学习贯彻党的十九大精神“五进”工作，把政治性要求放在首位，贯穿于大学生党员发展的全过程，贯穿于教书育人的全过程。要把技能性要求纳入优秀高职学生政治成长的重要方面，把社会主义核心价值观的践行融入学生职业技能的习得、职业精神的培育、职业素养的提升中，通过技能赛事、“双创”活动、岗位实训、生产实训等不断提升学生职业技能。

(2) 形成多主体协同的质量控制过程

随着产教融合、校企合作的深入推进，市场元素、企业行为在人才培养过程中的作用也逐渐加强，因此，要结合培养学制，以培养空间的拓展弥补培养时间的短板，提升优秀高技能人才培养质量，在真正意义上发挥企业人才培养主体协同的作用。一是要让企业主体融入人才培养过程中，根据学生职业成长周期，嵌入职业认知学习，融入生产过程学习，引导顶岗技能学习，把职业技能成长与职业素养提升结合起来，把思想政治素养与职业精神教育融入人才培养中。二是要把人才培养生产线延伸到企业生产线中。只有适应市场需求、岗位要求的人才培养，才是符合企业要求、适合技能人才成长的教育。把学生的政治成长融入真实的职业环境中，根据企业规模、类型和岗位,在岗位技能锻炼中加强思想政治教育。三是要加强校内外各具体质量责任主体或单位的协同责任。大学生党员发展有着严谨的程序控制,发展过程牵涉多主体协同作用。高职学生的入党过程,需要学校的教育管理与企业的教育培训。高职学生党建质量的把控,必然需要校内各组织责任主体与企业市场因素协同发挥作用。四是要让优秀学生的先锋模范作用发挥起来。要提要求、交担子、压任务,使学生党员的先进性在校园生活中充分体现出来,在生产场域里亮起来;要亮身份、做示范、当朋辈,严格按照党员标准来履行自己神圣庄严的承诺,在群众面前发挥先锋模范作用,给别人带来帮助的同时,又使自己得到升华①,在学生自我教育过程中树立前行榜样与方向,把外在质量标准内化为更多大学生的内在价值追求。

(3) 要加强质量保障体系的建设

学生党建质量保障体系是一个相对复杂的过程,包含规范党建工作的制度保障、党员作用发挥的评价体系和拓展党建工作的阵地。大学生党员发展有着相对严密的制度规则,基于高职特殊情况的针对性政策的制定还需要加强。党员发展工作时间的规定性与高职学生政治成长的周期性的矛盾,更需要我们进一步加强高职学生党建工作的制度性保障,通过规范的制度、严密的措施和技能标准等,来提高学生党员素质,提升学生党建工作质量。

要探索建立党员作用发挥的评价反馈体系,首先要充分强化党员自我教育、自我管理和自我评价的主体意识,尤其注意在所有教育环节中充分考虑党员的主体地位,考虑新形势下教育对象的新特点,以此设计党员教育的各个环节②,要探索建立"朋友圈"对优秀学生党员作用发挥的量化评价体系,要建立企业市场把优秀的高职学生的思想政治成长纳入实习检查中的机制。

要在新时代下巩固学生党建工作阵地,提升工作质量,根据学生实习期间分布情况继续深入开展"三站"教育,充分利用信息技术与网络,在规模企

---

① 段媛媛. 社会认同视域下的大学生党员质量保障体系研究[J]. 现代教育科学,2013(2):26-30.

② 王荣,李斌雄. 论在学生党员教育中尊重党员主体地位[J]. 学校党建与思想教育,2013(6):14-17.

业中协同开展学生党建工作，在相对分散的市场中形成相对集中的组织生活，在个别岗位中搭建群体性的教育网络。要建立校企融合的质量管理体系，建立学校与企业的联席工作组织与机制，加强学生政治成长与教育管理的有效对接，不断完善学生党建工作质量体系。

第三节 实施高职学生党员素质工程

高职教育是我国高教事业的半壁江山，因而加强和提升高职学生党员的素质也具有更加突出的现实意义。高职院校大学生党员素质的形成是一个系统性的积累过程，大学生党员的发展过程首先是对学生个体成长的标准性认定，同时也是对其素质形成的过程性评价。因而，面临新形势、新任务、新变化，需要高职院校以健全规范的制度机制和行之有效的科学方法推进实施大学生党员素质工程，提高党员发展质量，努力提高大学生党员队伍整体素质。

1. 高职学生党员素质现状分析

梳理高职院校大学生党员发展和教育管理过程，我们发现，大学生党员素质形成过程中的问题主要有以下方面：

(1) 发展标准问题

党员的标准应当是一个综合性的指标体系，政治标准为首为纲，还应当包括学生的思想素养、业务能力、职业素养以及群众评价等。但在发展的实践过程中，往往是抓“硬”放“软”、失之偏颇，即：主要注重学生的学业成绩与荣誉奖励等硬标准的比较，政治要求、思想素养、群众基础等软指标缺乏有效的抓手；侧重于对学生专业性学习结果的“高”评价，而体现“职”特性的学生技能成绩尚待纳入指标体系。

(2) 个体参与问题

党员的素质首先是一个目标性的自我积累的过程，学生个体在这个过程中有清晰的对象认知与目标追求。但在学生的政治成长过程中，学生主体的参与度并没有被充分激励和重视，学生对政治成长的阶段性目标并没有清晰的认知与准确的定位，主动积极性不够，造成了学生党建工作机制在组织、结构、内容和目标等方面存在诸多问题①。学生往往是在新生阶段大规模地“主动”申请入党，后续的成长阶段中，则多是因个体学习成绩或某个方面表现突出而“被动”民主推荐的，甚至被定为发展对象后，实施“倒叙式”成长。加之高职短学制的原因，确实存在部分“跑步入党”“被动入党”“关系入党”等不良现象，导致部分党员政治意识淡薄，对党性的认识不足。

（3）系统协调问题

大学生党员素质的形成是一项客观的系统性工程，从某种意义上说，它是高职院校人才培养质量的“金字塔”工程，应当融入高职人才培养过程中，融入学生日常教育管理过程中。因此，它需要在学校党委的高度重视与统一部署下，打破条块分割、部门局限，形成工作的合力。但在实践过程中，开展党建工作的部门相互之间的关联不够紧密，各自工作的配合力度有待加强②。高职院校各级党组织和党委职能部门是工作主体，但不应“单打独斗”，学生的政治培训需要党校配合，专业学习交由教务系统，日常教育管理归口学工系统，而学生推优则归于各级共青团组织。因此，需要把学生党建与学校人才培养、学风建设、日常思想教育管理和共青团建设系统地结合起来。

（4）作用发挥问题

先锋模范作用的发挥是党员先进性的主要体现。学生党员在政治成长过程中应不仅是自身素质的提升过程，更应是先进性发挥、服务师生、服务社会的过程。但由于高职教育三年学制与工学结合人才培养模式的特殊性，高职学生党员往往“成熟一批，发展一批，毕业一批”，先锋模范作用的发挥成为高职学生党建工作的短板。

2. 高职学生党员素质工程的实施

高职院校大学生党员素质工程实质也是人才（学生党员）培养的过程管理与质量控制，需要契合高职学生的培养过程，切合学生的政治成长规律。

---

① 刘亚东，张万鹏．基于主体参与的学生党建工作机制创新[M]．中国高等教育，2012(12)：25－26.

② 齐卫平．高校党建工作复合性的多向度问题思考[J]．学校党建与思想教育，2012(11)：10－12.

这需要以提升学生党员素质为核心，以规范发展和创新管理为重点，以党员作用发挥为落脚点，采取项目工程实施、过程化管理、绩效化评价等措施，促进大学生的全面发展，努力提高大学生党员队伍整体素质。

(1) 项目建设思路

以学生成长周期为纬，使学生政治、学业和社会成长“三线合一”，以党员素质形成为经，将党员素质标准、作用评价和使用反馈“三阶推进”，立于高职人才培养制高点，以发展和管理的机制来规范综合标准体系；主动实施多阶段多形式的评价，以群众评议为基点建立评价体系；重在发挥学生核心竞争力，对大学生党员的社会服务和企业单位的使用反馈建立跟踪反馈体系。

(2) 项目工程实施

主要有发展规范、能力提升、作用发挥三项主体工程。

第一，发展规范工程。在标准上要切合高职人才培养规律，科学规范党员质量标准综合性指标。把政治标准放在首位，定性与定量相结合，多方式考量学生学习情况、实践情况、职业技能情况等；多渠道考察学生思想政治素养、文明综合素质、群众基础以及关键时刻和重大政治问题上的态度与立场，真实反映准备发展入党的学生“高”的先进性和“职”的实践性，保证党员队伍先进性与纯洁性。在规范上要立足发展工作，健全发展过程体系，多方推优、综合考察。建立入党申请人动态信息表，建立入党积极分子过程管理机制，建立学生党员质量测评网络，确保发展工作程序公正、过程公开、结果公平。在责任制上要紧贴学生政治进步成长轨迹，构建“四级四段”责任制网络，横向到边，纵向到底，明确学校党委、职能部门、院系党总支和学生党支部的责任，合理制订发展计划，加强宏观调控，科学组织实施发展工作，建立发展工作考核体系，健全工作责任追究机制，充分调动和保障院系党组织抓好发展学生党员工作的积极性与创造性①。

第二，能力提升工程。在学习提升过程中，充分发挥课堂主渠道作用，通过理论学习小组、红色社团、交流研讨竞赛等校园文化载体，深入开展理

① 韩鹤进.工学结合模式下高职学生党员质量体系的建构[J].职教通讯，2012(26)：49-51.

想信念教育；通过人才培养模式改革，融入校本职业文化，夯实专业技能，提升学生专业技能与职业发展力；通过主题教育、技能服务、社团活动、社会实践等形式，积极引导入党积极分子和学生党员在服务社会、服务群众的实践中受教育、长才干、做贡献。在服务管理过程中，在坚持“三会一课”、组织生活会、思想汇报、党日活动等常规教育与组织活动形式，建成实体化、常态化机制的同时，创新管理与服务方式，充分利用现代信息技术，创设“红色网站”“网上党校”、党员QQ群、微博、党员微信群等交流载体，搭建虚拟化、网络化平台。在培训教育过程中，要分级分类培训，实施“三分法”培训，依托学校党校、二级学院分党校和校团委青马工程培训主阵地，实施入党申请人、入党积极分子和预备党员的三段式培训，分层实施，分级培训，分类教育，明确培训要求，整合培训资源，加强师资建设，提高培训质量。

第三，作用发挥工程。通过发挥党员示范责任区、党员联系班级、党员宿舍、党员导学等的作用，组织学生党员在生活区挂牌亮身份，发挥榜样引领作用；通过党员助理制度，探索网格式管理、组团式服务等途径，在学生管理、公寓服务、社团活动等方面给学生党员提要求、交任务、压担子，发挥标兵骨干作用；通过岗位实践、社会实践、社会服务等渠道展示良好的素养，发挥桥梁辐射作用，成为校企双方合作的联系桥梁、学校人才质量的宣传品牌。

3. 开展高职学生党员素质评价

基于高职双属性特征，立足于校企双主体育人，突显学生党员群体是高职人才培养质量的高地，强化学生个体、学生群体、教师、基层党组织、相关职能部门以及企业的评价主体地位，实施“自述、评议、晋段、整改”四步评价法，辅以严格公正的发展程序，形成规范化的学生政治成长动态评价体系。

(1) 自述

自述，是一种结果性描述，亦可称为“微积分”成长法(附录1)，学生一学期一述，主要从“德能勤绩”四个方面进行自我评述：德，主要指学生的政治素养、伦理道德与职业道德等，反映为学生在党团学活动、学习生活和岗位实践过程中表现出来的行为评析等，这是首要的标准；能，主要指学生的理论与专业学习、实践以及相关职业技能的获得等，反映为学生参与党团学等的活动经历、专业及社会实践等；勤，主要指学生自我角色责任的完成、具备的服务意识与能力等，反映为学生自我守纪修身的情况以及在政治成长过程中为师生、社区以及社会提供的服务等；绩，主要是指对学生所获得的专业学习、职业技能和实践能力等的认可，反映为各类奖学金、职业技能大赛奖项、校内外各种荣誉的获得以及企业评价等。

(2) 评议

评议，是一种过程性评议，主要是结合学生政治成长的几个阶段由不同的评议主体进行评价，即多阶段多形式的评价，从而对学生的成长形成客观的分析，为学校党组织鉴定相关学生个体政治成长过程提供依据。这种评议充分体现了学生政治成长的复杂性与综合性。从评议过程来讲，在申请入党阶段，主要是申请人所在班级团支部、党小组及培养联系人进行评议；定为积极分子时，需要班级团支部的评议推荐、培养联系人意见及所在学生党支部意见，有时亦需要企业对学生的思想政治素养、职业技能水平和职业素养等方面进行综合评价；定为发展对象后，在更注重学生的各项业绩评定的同时也充分重视学生的群众基础与企业评价；成为预备党员后，注重的是学生先锋作用的发挥；转正后，则主要侧重于学生服务社会能力方面的评议。从评议主体来讲，除基层党组织系统是学生党建工作的主体之外，学工系统主要在依托文明修身卡进行日常管理规范考评的同时对发展对象所获的各类奖学金和校级荣誉进行确认；教务管理系统则要对学生的成绩以及职业技能竞赛情况进行鉴定；各级共青团组织则主要是对学生的社会服务、社会实践以及团内表彰进行鉴定；而企业主要是对顶岗实习期间或进入预就业阶段学生的思想政治素养、专业实践能力、职业素养等方面进行评价。

(3) 晋段

晋段，是一种结果性鉴定，主要是由学校党组织根据班级、学团系统、教务系统、企业等主体的评议，并结合学生本身的政治教育培训经历和政治审查情况，按照严格的发展程序，实施“441”政治成长评价法，即入党申请人定为积极分子时要求所在班级团支部推优公示票决、定为发展对象时要求所在院系分团委推优公示票决、成为预备党员时要求所在党支部公示党员大会票决、预备党员转正时要求所在党支部公示党员大会答辩票决。

（4）整改

整改，是一种成长性计划，主要是根据各主体的评价和党组织的鉴定结论，结合自身的政治成长目标，对下一阶段的政治生活进行规划。

4. 深化实施高职学生党员素质工程的思考

素质工程的开展其实质是高职学生党建工作“双主体”（组织主体与学生主体）良性互动与共同发展的过程。笔者在负责学校学生党员教育管理实践过程中，将个人工作思考与学校工作实践结合起来，制定实施《关于深入开展大学生党员素质工程的实施意见》（附录2），主笔撰写关于高职学生党员素质工作实践经验文章《创新高职学生党员队伍建设　引领高端技能型人才培养》（附录3），并代表高职院校在2012年5月召开的江苏省大学生党员素质工程推进会、2012年6月在南京召开的全国高校学生党建工作现场经验交流会上进行交流。当年，笔者在多年大学生党员素质工程实践过程中深刻体会到素质工程实践的深化开展，还有一些问题亟待解决。

（1）要逐步完善系统性的制度体系。良好的制度体系设计与执行，是大学生党员素质工程实践深入开展的保障器。高职学生党建工作有着其自身的特殊性、复杂性，需要以党建制度化、规范化、科学化来推进实践工程的开展。党员发展过程的规范有序、教育管理过程的执行效率、党员作用发挥的客观依据，都需要以科学有效的制度体系来加以保障。

（2）要尊重大学生党员的主体地位。优秀大学生群体是大学生党员素质工程实践中的角色主体与活力源泉，我们改变过去单向的“组织本位”的领导思维，变为“组织主导”服务于“学生主体”，尊重学生的自主性、选择性与创造性，力求实现学生个体的素质提升与全面发展。

（3）要形成多方协同的党建格局。逐步改变党委职能部门与学校各级党组织单一的“组织主体”格局，引入学工系统对学生文明修身的实践课程要求、教务系统对学生专业与技能学习的认定、共青团组织对学生团内奖励和社会实践的要求等，多系统多部门参与实践，以学生党建带动学风建设，推进学生日常思想政治教育工作，推进学校团的建设，形成多系统配合的大党建格局。

第四节　构建高职思想政治教育共同体

近年来，随着“职教 20 条”等促进职业教育高质量发展的系列政策密集落地，面对中国制造转型升级、“中国制造 2025”发展等新时代背景，高职教育坚持产教深度融合、校企深度合作的发展主线，坚持服务发展、促进就业的培养目标，社会也对全力提高技能人才培养质量提出了更高期待，对高职院校思想政治教育工作提出了更高要求。目前来看，无论是所属教育类型，抑或是所属教育层次，学校教育依然是我国职业教育的主要场所，思想政治教育仍存在各自为政、分散用力的弊端。面对新时代职业教育改革要求，如何适应职业教育办学主体的突破，进一步构筑“三全育人”体系，切实构建“同向同行、协同育人”思想政治教育共同体，成为当下大力提升思想政治工作质量、深化高职思想政治教育改革的关键所在。

1. 高职思想政治教育共同体的内涵解析

“共同体”既包含了历时性的衍变发展，同时也体现了多学科的再构解释。其思想渊薮，最早可追溯至古希腊先贤圣哲。亚里士多德认为“人是天生的政治动物”，城邦生活便是政治之事，人们围绕城邦治理，便自然形成了政治共同体，也形成了现代民主政治的古典雏形。共同体社会如何治理，既有霍布斯式“利维坦”，更有“契约论”的权利让渡，从而形成某种共同体。滕尼斯认为，“共同体”是“现实的和有机的生命”，主要是在建立在自然的基础之上的群体（家庭、宗族）里实现的，也可能在小的、历史形成的联合体（村庄、城市）以及在思想的联合体（友谊、师徒关系等）里实现①。韦伯认为，“在个别场合内、平均状况下或者在纯粹模式里，如果而且只要社会行为取向的基础，是参与者主观感受到的（感情的或传统的）共同属于一个整体的感觉，这时的社会关系，就应当称为‘共同体’”②。

马克思认为，“真正的共同体”是共产主义的“自由人的联合体”，只有在

① 滕尼斯. 共同体与社会：纯粹社会学的基本概念[M]. 北京：北京大学出版社，2010：43.

② 韦伯. 社会学的基本概念[M]. 桂林：广西师范大学出版社，2005：54.

共同体中才可能有个人自由,个人才能获得全面发展。资产阶级所谓的“共同体”维护的只是统治阶级的共同利益。人类社会是由“社会体系的各个环节”构成的,是对国家生活的有机体建构,不同部分的相互联系、共同作用,共同促进国家的产生与发展。杜威在《民主主义与教育》中引入共同体概念,从教育与民主的哲学视角关照学习过程中个体与社会之间的互动、共同学习和榜样激励。

近年来,思想政治教育领域也逐渐关注“共同体”。“所谓思想政治教育共同体,是指思想政治教育者与受教育者在思想政治教育过程中逐步形成的,在需要、意向和精神意志上具有同一性,在交往、沟通和感情关系上具有协调性的社会有机体”①,“思想政治教育本是一个宏大的社会系统工程,需要思想政治教育共同体的所有成员广泛、深入地不懈探索和实践”②。具体到高职教育这一特殊场域,思想政治教育共同体则是指高技能人才培养过程中,基于“同向同行、协同育人”工作机制,充分发挥学校、企业、学生等成员的教育主体作用,充分发挥各教育主体的主体间性,努力实现主体利益相互依存、情感相互沟通、价值取向相融,努力形成“共生、共轭与共振”的思想政治教育共同体运行与实现机制③。

2. 高职思想政治教育共同体的价值分析

新时代下,高职教育既面临着办学类型规定的本质性重塑,同时也承担着中国制造强国人才供给的重任。因此,如何突破传统办学模式的束缚,融入“双元”甚至多主体,形成高技能人才培养合力,培育更多更好的时代新人,服务于新时代经济社会建设,是高职教育内部各主体共同面临的任务与课题。

(1) 新时代高职院校教育使命的客观要求。牢固树立新发展理念,服务建设现代化经济体系和实现更高质量更充分就业需要,着力培养高素质劳

---

① 董雅华.论思想政治教育共同体的建构[J].思想理论教育,2017(11):52-57.

② 戴锐.思想政治教育共同体的运行机制与发展战略[J].思想政治教育研究,2014,30(6):9-11.

③ 同②.

动者和技术技能人才[①]，是新时代赋予我们职业教育的崇高使命与重大任务。这就要求我们坚持立德树人根本任务，以德塑才，培养德智体美劳综合发展的人才，协同各方力量，坚守“三全育人”，在育人的各个阵地、各个过程和各个环节中突出和贯穿思想价值引领，充分挖掘教学、实践、科研、管理、组织、服务等方面的育人元素与作用发挥，推进思想课程与课程思政同向同行，推进职业技能培养与职业精神塑造高度融合，不断提升思想政治教育工作质量，不断增强高职教育社会服务能力，努力培养中国特色社会主义合格建设者与可靠接班人。

（2）高职院校思想政治教育现代转型的必然诉求。目前，我国职业教育进入办学主体多元化、办学模式多样化、办学类型质变的改革快车道，职业教育的中国模式、中国特色正逐步呈现，这也对新时代下高职思想政治教育提出了转型发展的时代诉求。这种转型主要体现在三个方面：一是教育场域的扩张，由传统的学校教育走向工作场所，强调真实情境下的学生职业技能掌握与职业精神塑造。思想政治教育场域的扩张，不仅是对传统思想政治教育环境的突破，更是对传统知识讲授方式的变革，在缄默情境下习得技能与提升素养。二是教育主体的多样化，围绕产教融合发展主线，将会是学校（行政）、企业（市场）、学生（社会）等多主体，在思想政治教育过程中的相互博弈。因为多主体的组织形式、利益主张的异质性，对传统课堂教学提出了改革要求，要让课堂更符合生产过程，在“做中学”中体会职业要求，提升职业精神，增强职业素养。三是教育类型的再塑。高职教育作为类型教育，不同于学校本位的普通教育。因此，如何构建与高职教育这一类型教育相适应的思想政治教育共同体也自然是摆在我们高职思想政治教育工作者面前一项重要而紧迫的课题。

（3）高职院校思想政治教育创新的现实需求。要坚守高职院校最鲜亮的底色，要求思想政治教育坚守底线，把牢制高点，工作不断创新。解决好“培养什么人、怎样培养人、为谁培养人”这一根本问题，是我们开展思政治

---

① 国务院关于印发国家职业教育改革实施方案的通知[EB/OL].(2019-04-04)[2022-10-21].http://www.moe.gov.cn/jyb_xxgk/moe_1777/moe_1778/201904/t20190404_376701.html.

教育工作的前提。教育部《高校思想政治工作质量提升工程实施纲要》提出，要以全面提高人才培养能力为关键，充分发挥课程等十个方面工作的育人功能，一体化构建思想政治工作质量体系，形成全员、全过程、全方位育人格局，着力培养德智体美全面发展的社会主义建设者和接班人，着力培养担当民族复兴大任的时代新人。我们要把体系构建好，致力解决思想政治工作中的部门主义、单位角色、虚弱无力等问题，形成思想政治工作合力，不断提升系统性实效。当前思想市场源流混合，杂音不断，既有交流相融，又有交锋相对，这就需要我们大力唱起时代主旋律，以社会主义核心价值观引领知识教育，不断加强思想政治教育工作，注重推陈出新，尤其是加强对网络等新阵地新领域新技术的引领与使用，牢牢把住高校思想领域内的领导主动权话语权，让高校永葆鲜亮底色。

3. 高职思想政治教育共同体的构建路径

高职院校思想政治教育共同体的构建，应当嵌入高职教育发展实践与技能人才培养过程，形成一个相对独立的特殊亚生态系统，在产教融合发展主线、校企合作背景框架下，突破原有学校思想政治教育的狭隘思维与体制藩篱，深度引入体制外行动者与职业情境，注重校内外多主体间的沟通交流与利益融合，形成内心力与内生驱动力，从而不断提升高职院校思想政治教育实效。

(1) 坚持利益共生，努力形成共同的价值追求。从自然意义来讲，职业院校与行业企业是两类截然不同的组织体。职业院校以技能人才培养的社会责任为己任，而行业企业则以市场逐利下的竞争生存为目标。但从现代意义来说，纯粹的市场利益与社会责任的分割是不存在的。“经济理性人”在追求市场利益的同时，客观上也会带来社会利益的增长。职业教育本质上是通过技能传授谋得一份体面的工作与生活。因此，从社会效应来讲，校企之间便产生了利益共生、价值相通之处。这也是校企合作积极构建思想政治教育共同体的责任支点与价值起点。首先，政府要通过法律、金融、税收等政策工具箱综合施策，大力营造有利于企业承担职业教育责任的社会环境，推动职业院校和行业企业形成命运共同体，同时应当完善企业社会责任培育机制，大力推进我国企业社会责任报告制度，增强企业履行社会责任的自觉性①。其次，技能人才是企业发展的第一资源，生产过程是最真实的职业教育过程。因此，企业应积极融入职业教育，发挥好应有的职业技能培训功能，在生产环境中培养企业所需、市场所要的生产型人才。再次，供给技能人才是学校应尽的职责。高职院校要坚持立德树人的根本任务，以德率才，以技领能，把“留得住、用得上、下得去”的技能人才培养好。

(2) 强调质量共扼，不断塑造相通的培养标准。思想政治教育是衡量高校教育质量的重要指标。在学生个体人生观、价值观形成的过程中，高等教育阶段的思想政治教育对个体的影响最为明显②。因此，高职院校思想政治教育，要立足于学生成长规律，“工学交替，校企合作”，双“阵”融通，融入高职人才培养的全过程③。要深度融入标准，把国家社会对高职人才的政治要求、行业企业对技能人才的规格期许和学校专业对学生成长的培养标准融合起来，在人才培养方案中明确思想政治教育目标，在专业教育过程中体现思想政治教育过程，在人才输出使用中呈现思想政治教育实效。要充分融入课程，探索“互联网＋”课程思政教育，推进思政课程与课程思政同向同行，思政、专业两支队伍合力育人，提升学生思想政治素养和专业技能，增强学生的获得感。要充分融入实践，通过专业实践长技能、生产实践提素养、社会实践增见识，让学生在职业生产过程和社会生活实践中锤炼技能，增长才干，努力锻造出服务社会服务人民的坚强筋骨。

(3) 倡导情感共振，积极构建相融的精神共同体。在不同领域里，“共同体”有着不同的学科解释，但共同体内部的情感归属、有效交流、善业追求等则是共同的精神追求与文化塑造。当前，德国的双元制、澳大利亚的 TAFE (Technical and Further Education，职业技术与继续教育)学院、新加坡的教学工厂等不同职教模式都有效地实现了职业教育的跨界发展与诸多主体的共同成长，职业学校和行业企业有效形成了文化认同与精神共振，有效地解

---

① YUN X L. Way to Push Ahead Corporate Social Responsibility Report System in China[J]. Agricultural Economy and Management, 2017(5): 884 - 887.

② 蓝文思. 高校思想政治教育的两个着力点[J]. 人民论坛，2018(29)：126 - 127.

③ 韩鹤进. 工学结合模式下高职学生党员质量体系的建构[J]. 职教通讯，2012，27(26)：49 - 51.

决了技能人才培养中校企“两张皮”的问题。因此，高职院校思想政治教育精神共同体，要有系统的建构观点，基于共同的立德树人教育目标、共同的马克思主义政治信仰、相同的职业诉求、共同的生存状态，摒弃本位主义，不断增强共同体的集体意识与凝聚力，形成整体性效应，逐步结成价值趋同的“精神共同体”[①]。要将多元文化因子融入思想政治过程，要把职业文化带入职业课堂，把优秀传统文化带入生产过程，把先进革命文化丰富到校园文化中，尊重彼此差异，团结协作结成“学习共同体”。

(4) 完善机制保障，持续提升教育合力与实效。从目前实践来看，高职院校思想政治教育共同体诸多成员属于不同行业、不同单位，在追求教育成效的同时，主体之间、部门之间、领域之间等在很大程度上还流于表面，在一定程度范围内、一些部门之间，仍然存在着组织相对弱化、协作机制不畅、教育成效不强等体制性问题。因此，要形成有效的思想政治教育共同体，需要进一步加强校企合作，进一步加强机制建设，形成共同体内诸多主体的共生效应，持续推进提升教育合力与实效。要加强组织领导，建立校企合作一体化组织保障机制，如建立有效的思想政治教育工作小组，成立校企合作的有效沟通机制，实现不同职能部门、不同环节、不同教育工作的有效衔接，统筹推进学校思想政治教育工作。要坚持以学生为中心，围绕教学科研、招生就业、管理服务等，形成全员育人的广泛共识和实际行动，形成全员围绕学生中心协同育人的格局和常态。

① 尹娟.高职院校思想政治教育工作师资共同体的构建[J].教育与职业，2019(7)：83-87.

附录1：

×××学院学生政治成长“微积分”卡

评议对象：　　　　所在班级：　　　　学号：

评议项目		申请入党阶段		入党积极分子阶段		预备党员阶段	
		自我描述	综合评议	自我描述	综合评议	自我描述	综合评议
M1德（30分）	1. 通过何种形式进行理论学习(6分)						
	2. 思想汇报的次数与主题(8分)						
	3. 参加党、团培训的情况(8分)						
	4. 提升职业素养的途径(8分)						

续表

评议项目		申请入党阶段		入党积极分子阶段		预备党员阶段	
		自我描述	综合评议	自我描述	综合评议	自我描述	综合评议
M2能(20分)	5. 服务师生活动的经历与成绩(8分)						
	6. 参与社团活动的经历与成绩(6分)						
	7. 参与社区服务的经历与成绩(6分)						
M3勤(20分)	8. 宿舍管理与带头作用发挥(7分)						
	9. 班级管理与榜样作用发挥(7分)						
	10. 参与社会实践情况与成效(6分)						

续表

<table>
<tr><th colspan="2" rowspan="2">评议项目</th><th colspan="2">申请入党阶段</th><th colspan="2">入党积极分子阶段</th><th colspan="2">预备党员阶段</th></tr>
<tr><th>自我描述</th><th>综合评议</th><th>自我描述</th><th>综合评议</th><th>自我描述</th><th>综合评议</th></tr>
<tr><td rowspan="3">M4 绩（30 分）</td><td>11. 专业学习情况与成绩(10 分)</td><td></td><td></td><td></td><td></td><td></td><td></td></tr>
<tr><td>12. 职业技能掌握情况与成效(10 分)</td><td></td><td></td><td></td><td></td><td></td><td></td></tr>
<tr><td>13. 现场专业实训情况与成效(10 分)</td><td></td><td></td><td></td><td></td><td></td><td></td></tr>
<tr><td colspan="2">综合评价
（是否晋段）</td><td colspan="2">□是 （所在党支部盖章）
□否 年 月 日</td><td colspan="2">□是 （所在党支部盖章）
□否 年 月 日</td><td colspan="2">□是 （所在党支部盖章）
□否 年 月 日</td></tr>
</table>

填卡说明：

1. 此卡目的在于对评议对象在不同阶段的日常政治成长进行回顾与评议，在评议对象自我描述的基础上由评议主体（所在党团组织、学工系统、教学系统和企业等）作出定量和定性的评价，全面正向客观地评议学生的成长效益。

2. 测评评议对象在申请入党期间（正常为 6 个月）、定为入党积极分子后（不少于 12 个月）及预备党员期间（不少于 12 个月）的成长效益，并结合所在党团组织其他形式的考察，决定学生是否晋入下一阶段的考察。

3. 评议项目设计四个一级指标、十三个二级指标。评议对象自我描述与评议主体综合评议时应注意：(1) 自我描述。能量化的用数字表示，不能量化的用具有实际意义的短语表示。（示例：M1—2：3 次，十八届三中全会、反腐败、南海问题；M1—4：商场促销、云龙湖水质调查、暑期××工地实习）(2) 综合评议。针对评议对象的相互比较，应将评议内容量化，进行综合排名，根据政治成长不同阶段的不同要求，择优晋段，确保过程公正、公平，确保将政治素质过硬的优秀大学生选入党组织。

附录 2：

关于深入开展大学生党员素质工程的实施意见

为积极推进党建创新工程，提高大学生党员队伍建设科学化水平，提升学生党员素质，从源头上保持党的先进性和纯洁性，根据中共江苏省委组织部、中共江苏省委教育工委《关于深入实施大学生党员素质工程的意见》（苏组发〔2012〕4 号）文件要求，结合我校实际，提出本实施意见。

一、指导思想和主要目标

1. 指导思想。落实省委组织部、省委教育工委相关文件精神，把加强大学生党员队伍建设与提高学校人才培养质量结合起来，与深入开展创先争优活动结合起来，与服务社区、服务地方、服务行业结合起来，以提升学生党员素质为核心，以规范发展和创新管理为重点，以党员作用发挥为落脚点，积极实践，规范管理，有序推进，讲求实效，着力建设一支素质优良、结构合理、规模适度、作用突出的大学生党员队伍。

2. 主要目标。规范学生党员发展工作，提升学生党员能力，发挥学生党员先锋模范作用，加强发展工作保障，采取项目工程实施、过程化管理、绩效化考核等办法，显著提升学生党员思想政治素质、道德品行素质、科学文化素质、工作能力素质和身体心理素质等五项素质，促进大学生党员全面发展，努力提高大学生党员队伍整体素质。

二、项目实施

（一）发展规范工程

3. 规范发展党员标准体系。切合高职人才培养规律，科学规范党员质量标准综合性指标。把政治标准放在首位，定性与定量相结合，多方式考量学生学习情况、实践情况、职业技能情况等；多渠道考察学生思想政治素养、文明综合素质、群众基础以及关键时刻和重大政治问题上的态度与立场，真实反映准备发展入党的学生“高”的先进性和“职”的实践性，保证党员队伍的先进性与纯洁性。

4. 规范健全发展过程体系。立足发展学生党员工作全过程，规范操作流程，多方推优、综合考察，全面推行发展党员“三投票三公示一答辩”制度。有效做好学生入学前、毕业后发展工作的衔接。普遍开展新生入党教育第一课，建立入党申请人动态信息表，建立入党积极分子过程管理机制，建立学生党员质量测评网络，确保发展工作程序公正，过程公开，结果公平。

5. 建立健全发展责任制体系。紧贴学生政治进步成长轨迹，明确发展党员工作责任，构建“四级四段”的责任制网络，横向到边，纵向到底。明确学校党委、职能部门、院系党总支和学生党支部的责任，合理制订发展计划，加强宏观调控，科学组织实施发展工作。建立发展工作考核体系，健全工作责任追究机制，充分调动二级学院党组织抓好发展学生党员工作的积极性与创造性。

（二）能力提升工程

6. 提升学习能力。充分发挥思想政治理论课主渠道作用，普遍开展学理论、学党章活动，通过理论学习小组、红色社团、交流研讨竞赛等校园文化活动，深入学习中国特色社会主义理论体系，坚定理想信念，践行社会主义核心价值观。配合人才培养模式改革，融入校本特色的职业文化，提升学生专业技能与职业发展力，夯实专业技能。通过主题教育、技能服务、社团活动、社会实践等形式，积极引导入党积极分子和学生党员在服务社会、服务群众的实践中受教育、长才干、做贡献。

7. 创新教育方式。坚持“三会一课”、组织生活会、思想汇报、党日活动等常规教育与组织活动形式，建成实体化、常态化机制；充分利用现代信息技术，创设“红色网站”“网上党校”、党员QQ群、微博、党员微信群等交流载体，搭建虚拟化、网络化平台，鼓励常规出长效，新招出实效，实招出真效。

8. 分级分类培训。实施“三分法”培训，依托学校党校、二级学院分党校和校团委青马工程培训主阵地，实施入党申请人、入党积极分子和预备党员的三段式培训，分层实施，分级培训，分类教育，明确培训要求，整合培训资源，加强师资建设，提高培训质量。

（三）作用发挥工程

9. 发挥榜样引领作用。通过发挥党员示范责任区、党员联系班级、党员宿舍、党员导学等的作用，组织学生党员在生活区挂牌亮身份，带头学习提高，带头争创佳绩，带头遵纪守法，带头弘扬正气，争当校园先锋，引导校园风尚。

10. 发挥标兵骨干作用。通过党员助理制度，探索网格式管理、组团式服务等途径，在学生管理、公寓服务、社团活动等方面给学生党员提要求、交任务、压担子，促使学生带头服务群众，争当服务标兵，创建和谐校园。

11. 发挥桥梁辐射作用。通过完善学生顶岗实习管理系统，引导学生正确认知身份属性，明晰个人努力方向，努力提高专业技能，以不断精进的技能、良好的职业品质和综合素质，成为校企双方合作的联系桥梁、学校人才培养的宣传品牌。

（四）实施保障工程

12. 完善工作运行机制。学校党委把学生党员素质工作融入人才培养中心工作，纳入学校总体工作布局。建立健全学校党委统一领导、党委组织部牵头抓总，学工部、党校、教务处、校团委分工配合，二级学院党总支组织实施的领导体制与工作机制，建立学生党员素质工程联席会议制度，不定期开展专题研究工作，形成一级抓一级、层层抓落实的工作局面。

13. 优化基层组织设置。按照专业集群、智力集聚、工作便利的原则，从总体上优化学校基层组织设置，尤其是优化学生党支部的设置，选优配强支部书记，形成强有力的战斗堡垒。按照学生党员的自然分布，细化党小组的设置，增强党组织的活力。探索学生党支部与专业教研室、管理部门、学生社团、校外企业等共组或共建机制，逐步增强党组织的渗透力与感召力。

14. 加强党务队伍建设。打造一支能力强、业务精、水平高的基层党务队伍，加强身份管理，进行经常性交流培训，以提高工作技能。建立一支党性强、热情高、素质好的兼职党务队伍，以指导学生学习理论，关心学生政治进步。注意发挥党员教师的作用，尝试党员教师利用“专业导师团”“专业工作室”等多种载体，使党员教育管理与专业教育教学有机渗透，共同促进学生全面成长。

15. 融入企业党建因素。发挥企业人才培养主体的作用，加强校内职业氛围营造，通过激励、关怀、情境教育等形式渗入党员教育，介入党员活动；在校外实训相对集中的行业企业组建“驻地”党建工作站，通过协议或托管等方式对学生进行教育管理和培养考察；在相对集聚的区域成立临时党支部或党小组，建立“流动工作站”，选派党员专业教师与企业指导师傅一起“进站”辅导，加强培养、考察和管理工作。

三、工作要求

16. 注重工作落实。高度重视大学生党员队伍建设，建立健全领导体制和工作机制，强化责任意识，抓好层级管理，切实履行书记第一责任人职责。各二级学院要规范动作，公开操作，开拓创新，凝聚特色，做出品牌。

17. 加大政策支持。积极推进党建创新工程，将党建工作和党务队伍建设纳入学校总体规划，统一安排部署，明确目标任务，创造工作条件，完善激励措施，为党建工作开展提供强有力的保障。加强宣传教育，整合有利资源，全力营造良好的工作氛围和大党建的工作格局。设立大学生党员素质工程专项经费，加强对各级党校、党员活动室、党建网站、各类实践基地等阵地的建设，为基层党组织开展活动提供必要的场所和设备。

18. 强化督查考核。建立督查考核制度，通过互查、检查、抽查等形式加强考核督查，将考核结果纳入所在党组织党务考核的重要内容。注重总结推广新鲜经验和特色做法，及时宣传报道取得的成效和先进典型，评比表彰先进集体和优秀个人，为大学生党员素质工程深入开展营造良好环境。

附录 3：

创新高职学生党员队伍建设　引领高端技能型人才培养

江苏是高职教育大省和强省，全省 90 所高职院校承担着为“两个率先”培养和输送高端技能型人才的重要使命。高职学生党员直接流向生产、建设、管理和服务第一线，其能力素质、作风形象，直接关系社会基层党组织战斗力的发挥，直接关系“三创三先”新时期江苏精神的践行，直接关系党的工人阶级基础的巩固。江苏建院作为一所具有优良军校传统的国家示范性高职院校，坚持以加强学生党员队伍建设引领高职人才培养，切实创新工学结合人才培养模式下的高职学生党员队伍建设，努力走出一条高职院校加强学生党建工作新路子。

一、坚持与高职教育相契合，建构大学生党员发展新机制

目前，高职学生在校时间一般为三年，高职院校生源结构多样化、差异化趋势明显，这既是高职学生党建工作存在的客观问题，也是我们创新学生党建工作的突破口。近年来，我们立足高职学生成长特点，深入研究高职学生党建工作规律，建立健全高职学生党员发展的科学机制，切实保障大学生党员发展质量。我校学生党员占在校生比例稳控在 5%左右。一是落实工作责任。学校党委坚持把发展大学生党员工作纳入重要日程，每年召开学生党建工作会议，定期专题研究发展党员工作。下放了发展党员审批权，建立了发展党员工作责任追究制度，明确学校党委、职能部门、二级学院的责任，制定发展党员工作考核体系，充分调动二级学院党组织抓好发展党员工作的积极性与创造性。二是严把发展关口。坚持拓宽源头早选苗，早启蒙、早教育、早培养，把入党教育融入新生入学教育中，普遍开展新生第一堂党课活动，引导青年学生向党组织靠拢。坚持教育培训全覆盖，依托校院两级党校主阵地，实施入党申请人、入党积极分子和预备党员的三段式培训，定

期举办学生轮训班，突出入党动机和理想信念教育，引导广大学生党员牢固树立共产主义远大理想，坚定不移地走中国特色社会主义道路。坚持民主公开提质量，先后制定《发展党员工作实施细则》等20余项规章制度和文件，做到党员发展工作标准严、程序严、评议严，切实把好质量关。三是建强工作队伍。每个院系都配备一名以上组织员或党务秘书，负责做好党员发展工作；聘请离退休老同志担任特邀党建组织员，指导学生专业学习，关心学生政治进步。成立党员教师"专业导师团"，建立党员教师"专业工作室"，较好地解决了学生党建工作与专业教育"两张皮、相脱节、相分离"的现象。

二、坚持与企业实践相对接，搭建校企双主体党建育人新平台

在工学结合、校企合作的人才培养模式下，高职学生校外实习时间一般要一年左右，这既是传统学生党建工作的真空和盲区，同时也是新形势下创新学生党建工作的广阔空间。近年来，我们把学生党建工作深度融入"工学交替、校企合作，双主体育人"人才培养模式改革过程中，根据学生"跟岗、随岗、顶岗"三段式校外实训的特点，建立学生党员实习期间学习、教育和管理制度，实施学生党员校外实习"三站式"教育管理，全力拓展学生党员队伍建设平台，提升学生党员管理实效。一是组建"驻地工作站"。依托江苏建筑职教集团内的130余家建筑企业、徐工集团、中煤能源集团等优质企业设立企业学院，在企业组建"驻地"党建工作站。在学生的"工作学期""预就业"期间，将理论教育融入专业学习、思想教育融入职业情境、党性教育融入岗位实践，通过校企双主体的齐教育、共培养、同考察，加强对入党申请人、入党积极分子和学生党员的培养发展和教育管理，切实把党的工作延伸到企业、拓展到校外。二是成立"流动工作站"。根据学生实习分布相对分散的状况，在学生党员相对集聚的区域成立临时党支部或党小组，并选派党员专业教师担任学生党建工作指导员，定期"进站"辅导，在加强专业指导和实习检查的同时，开展入党积极分子、学生党员的培养、考察和管理工作，努力实现党的组织和工作的有效覆盖、有效管理。三是建立"网上工作站"。充分运用现代信息手段，通过学校"顶岗实习网上综合管理系统"，加强对入党积极分子、学生党员的监督管理，组建"红色网站""网上党校"、党员QQ群、微

博、党员微信群等交流平台，拓展学生党建信息交流与沟通平台，实现党建覆盖无盲区、培养考察不间断。

三、坚持与学生特点相贴近，积极探索党员发挥作用新途径

针对高职学生文化基础比较差、自我管理能力比较弱、技能要求比较高的特点，我们着力搭建形式多样的学生党员实践载体，充分发挥学生党员在学习生活中的榜样引领作用、在教育管理中的标兵骨干作用、在技能实习中的桥梁品牌作用。一是充分发挥榜样引领作用。在学习生活中，建立党员责任区、党员联系班级、党员导学等制度，组织引导学生党员挂牌亮身份，带头刻苦学习专业知识，提升实践技能，弘扬文明新风，做成绩优良、品行高尚的校园先锋。二是充分发挥标兵骨干作用。在教育管理中，通过选拔学生党员担任助理班主任，开展学生党建进公寓、进社团等活动，给学生党员提要求、交任务、压担子，引导他们在服务师生、建设和谐校园过程中发挥先锋模范作用。三是充分发挥桥梁品牌作用。在技能实践中，组织顶岗实习党员开展“争做党员先锋、服务企业发展”的主题实践活动，定期开展学生党员劳动技能大比武，教育引导学生党员自觉提升技能、争当技术能手、争创一流业绩，以自身的高素质、高技能提高企业的认可度，成为校企双方在学生教育管理、实习实践、技能培养等方面联系的桥梁。在每年毕业生双选会上，我校党员毕业生成为企业竞相争抢的优质资源。据统计，毕业生党员走上工作岗位三年后近80%走上了技术骨干或项目负责人的岗位，成为我校人才培养质量的宣传品牌。

第三章 融入区域文化，汲取优秀的文化因子

高职院校办学与人才培养，本身便是一个复杂的文化传承传播过程。它不仅是技术技能文化的传授，在坚持服务面向中汲取先进的技术文化因子，同样，人才的培养也脱离不了高职学校所在区域的优秀文化和传统文化的浸润，通过认识文化、继承文化、发扬文化，培养学生良好的道德品质与人格素养，努力提升人才培养质量。

第一节　区域优秀文化融入人才培养的重要意义

区域优秀文化是区域内劳动者在长时间的生产实践过程中所形成的文化遗存，必然要渗透到人才培养过程中。职业教育主要是为区域经济社会发展提供基础性技能人才支撑。这种支撑不仅仅是符合岗位需要的规格技能的传授储备，也包括适应岗位的职业素养与职业精神。职业素养、职业精神的塑造，既需要在真实和虚拟的职业环境中形成专业技能素养，也需要通过基础课程或社会实践等多种形式在区域优秀文化的浸润中增强技能人才的基础文化素养。将区域优秀文化因子融入技能人才培养，是新时代赋予职业院校的重要使命，对于职业教育或是高职教育而言，都有着重要意义。

1. 高职院校落实立德树人根本任务的应有之义

优秀文化的传承与创新，是新时代赋予高校的基本职能，这也是完成传统立德树人根本任务的应有之义。高职院校主要是面向市场、服务区域，培养适应生产一线、能够堪当时代大任的德才兼修之人。因此，在技能人才培养过程中，把传统文化纳入教学，融入课堂，渗入教育，是高职院校落实立德

树人根本任务、推进德技兼修技能形成的重要内容。主要体现在三个方面：一为区域优秀文化是高职院校德育的重要内容。五育并举，德育为先，首要的是要以包括区域文化在内的优秀传统文化因子融入育人实践，以中华民族的精神气质与文化品格来陶冶学生情操旨趣，塑造学生理想人格，引导学生树立正确的三观，培养具有民族精神气质、全面发展的高素质技能人才。二为区域优秀文化是高职学生成人教育的内嵌因子。为党育人、为国育才，离不开高职学生在日常自我教育管理服务中的成长实践。进一步搭建和丰富学生成长的校内外多样多层多渠道的实践平台，通过“三下乡”等丰富多彩的社会实践，在行走中体会区域文化，在实践中增长真才实学，不断提升育人实践成效。三为区域优秀文化是高职院校办学发展的重要支撑。面向市场、服务发展，首先要做好服务地方经济发展。长期以来区域发展的优势产业、强劲行业、优秀企业以及地方文化，都是我们高职院校立足地方办学、服务区域发展无法脱离的办学资源与发展依托。

2. 高职院校优秀技能人才的重要来源

高职教育主要是面向区域行业生产一线培养优秀的高技能人才。技能人才培养不仅是让学生得以在职业岗位或工作过程中以技立身，也需要让学生明了职业生涯中应当树立践行的职业理念与操守规范。这既是职业教育的实然目标，也离不开区域优秀行业文化的涵养，主要体现在技能人才培养过程中的职业精神塑造、职业道德养成和职业素养形成，让学生在由虚至实的职业情境过渡中逐步由新手成长为熟手乃至专家，从而使无业到有业，进而敬业乐业。第一要逐步熟悉区域行业发展市场，这是将技能人才培养融入地方的物质基础。服务行业区域发展是职业教育的基本面向。作为行业基础技能人才，应当基本掌握本区域内专业相关行业发展基本趋势和所适应基本岗位发展趋势。第二要逐步掌握区域内专业相关岗位的职业操守，这是技能人才培养适应区域行业文化的行为基础。无论是生产性的职业情境、模拟性的职业情境，还是虚拟性的职业情境，主要是通过情境的逐步渗入进到职业核心领域，从而掌握区域优秀文化尤其是行业文化中的职业规范操守。第三是要逐步建立服务行业企业的职业忠诚度与归属感，这是技能人才培养中增强文化适应性的心理基础。虽说技能人才流动是正常的市场经济现象，但对于区域行业企业而言，更强调技能人才的忠诚度和稳定性，提升企业人力资本的效益与产出。这也是企业在招揽人才过程中更加倾向于区域生源的重要区域文化心理归因。

3. 高职学生社会适应能力的文化来源

作为类型教育，职业教育的本质在于适应性，不仅强调院校办学的地方适应性，也强调技能人才培养的职业适应性以及社会化能力。正如前文所述，学生的适应性、社会化基本是在一定区域和行业里完成的，这也是职业教育适应性的主要内容之一。学生的适应性除职业技能适应性之外，学生个人综合素养也是其技能适应性、职业社会化的重要内容。笔者在日常企业走访过程中发现，企业对于高职院校毕业生除有技能要求之外，认为最重要的适应能力包括人际交往能力、语言沟通能力以及基本办公素养等等。这些非专业能力也是职业综合素养的重要内容。厚植区域优秀文化因子于人才培养过程，是提升学生综合素养的重要渠道和载体。区域优秀文化资源不仅是指区域发展过程中形成的风土人物、文化遗存，也包括区域发展中呈现出来的经济社会成果以及行业规范等。因此，把区域文化中的优秀内容渗入立德树人教育任务中，不断提升学生综合素养，是高职教育培养适应市场需要的技能人才的重要举措。一是把文化经典引入教育教学，通过课程等渠道作用浸润学生思想教育，在学习经典中逐步引导学生，以经典浸润思想，用文化促进成长，逐步树立正确价值观，涵养良好的思想道德品质。二是在实践中认知文化、践行文化，在专业实践、社会实践活动中探究溯源、以文化人，提升学生综合能力与素养，增强学生文化自信，增加学生的职业文化认同感。三是充分运用网络信息技术扩展文化教育空间阵地，提升文化教育影响，在职业情境由虚至实的转换参与中增强学生对未来职业的理解，提高学生的职业能力与素养。

第二节　区域优秀文化融入学院人才培养的实践

1. 徐州地区主要文化资源

徐州[①]，古称彭城，为古九州之一，具有 5 000 多年的文明历史和 2 600 多年的建城史，是“彭祖故国、刘邦故里、项羽故都”，享有“两汉文化看徐州”的美誉。除两汉文化胜迹之外，项羽“戏马台”、刘邦“大风歌碑”、苏轼“放鹤亭”、北魏“大石佛”、唐代“燕子楼”，以及明清“城下城”遗址等历史胜迹遍布全市，使徐州这座古城处处散发着浓郁的文化气息和独特魅力。徐州是全国重要的综合交通枢纽，地处苏鲁豫皖四省接壤地区，拥有承东接西、沟通南北、双向开放、梯度推进的战略区位优势，素有“五省通衢”之称。徐州是淮海经济区中心城市，紧紧围绕老工业基地全面振兴和淮海经济区中心城市建设，全力推进产业、城市、生态、社会四大转型，有“中国工程机械之都”和“世界硅都”的美誉，实现了由“一城煤灰半城土”的百年煤城到“一城青山半城湖”的现代城市转型。

(1) 两汉文化

对于“两汉文化看徐州”，史学专家[②]认为，根本原因在于，崛起于丰沛(指刘邦故乡沛县丰邑，今属丰县)的平民天子汉高祖刘邦缔造了强盛的汉王朝，由此确立了徐州帝王之乡的地位。徐州汉文化是依托于帝王之乡这种强势政治资源而崛起的特殊地域文化。据可考史籍，跟随刘邦起兵的元从集团中徐籍可考者有 19 人，徐籍功臣及子弟有 6 人官至丞相，西汉前期三公九卿中的丰沛籍功臣有 18 人。在很长时间内，斩蛇起义、垓下之围、七国之乱等重要历史事件，既牵动国家政局，成为当时政治漩涡中的焦点，聚焦了各种主流矛盾和利益的冲突，影响到国家政治生活和文化进程，也是两千

---

① 此部分文字参考徐州市人民政府网站有关徐州的简介(http://www.xz.gov.cn/005/index.html#page1)。

② 此部分文字参考中国秦汉史研究会副会长、江苏师范大学教授王健接受《无线徐州》栏目采访报道《为什么“两汉文化看徐州”? 史学有话说》，详见 https://www.sohu.com/a/424888731_393156。

多年来，我们仍然孜孜深究的历史文案。在相当长的一段时间里，徐州雄踞全国儒道释文化中心，造就了地域恢宏博大的儒道释文化。最为突出的是，徐州城市周边分布着众多的汉代诸侯王陵墓，这些陵墓的建筑、陪葬兵马俑和出土文物，以及遍地可见的汉画像石，反映了徐州汉文化的鲜明特色。汉墓、汉俑和汉画像石，被誉为徐州汉文化的“三绝”，代表了汉代徐州建筑文化、雕塑文化和造型艺术的杰出成就。

(2) 红色文化

徐州作为交通要道，自古以来便是兵家必争之地。五四运动以来，徐州大地上，无数革命先辈为救亡图存、振兴中华而无畏生死，忘我奋斗，谱写了无数气壮山河的英雄史诗，留下了数量众多的珍贵革命资源。这些珍贵资源是我们进行革命教育的精神源泉，也是我们凝聚群众力量、激发爱国情怀、培育民族精神的重要依托，成为传播和传承红色文化的生动课堂。习近平总书记多次强调要传承红色基因，“用实际行动把红色基因一代代传下去，做对国家对人民对社会有用的人”。如淮海战役中形成的“敢打必胜、科学决策、勇于担当、团结协作、依靠群众”的革命精神，是党和人民军队在革命战争年代为后世留下的宝贵精神财富，是新时期鼓舞和激励我们不断从胜利走向胜利的强大精神动力。

总的来说，徐州红色文化资源呈现出几个特点[①]：起步较早，在五四运动影响下，徐州及其所辖八县学界反响强烈，以各种方式声援支持北京学生，掀起了反帝爱国浪潮；1920 年，徐州省立七师的学生组建了徐州第一个马克思学说研究小组，《赤潮》是徐州公开宣传马克思主义的第一本刊物；1922 年，江苏地区最早的党组织陇海铁路徐州站支部诞生；分布较广，共 146 处，位于城镇的有 57 处，地处农村的有 89 处；资源丰富，如举世闻名的淮海战役、“两不怕”革命精神的伟大共产主义战士王杰、“八号门事件”遗址、运河支队抗日纪念馆等。

① 黄慧. 徐州红色基因的梳理提炼与传承发展研究[J]. 太原城市职业技术学院学报，2020(12)：67－69.

(3) 非遗文化

非物质文化遗产，是指各族人民世代相传并视为其文化遗产组成部分的各种传统文化表现形式，以及与传统文化表现形式相关的实物和场所。联合国教科文组织《保护非物质文化遗产公约》规定，非物质文化遗产是指被各社区、群体，有时为个人视为其文化遗产组成部分的各种社会实践、观念表达、表现形式、知识、技能及相关的工具、实物、手工艺品和文化场所。这种非物质文化遗产世代相传，在各社区和群体适应周围环境以及与自然和历史的互动中，被不断地再创造，为这些社区和群众提供持续的认同感，从而增强对文化多样性和人类创造力的尊重。它是一个国家、地区或民族历史文化成就的重要标志，是优秀传统文化的重要组成部分。徐州目前共有市级非遗项目 101 项，其中 43 项入选江苏省非遗名录，徐州剪纸、徐州琴书、徐州梆子、江苏柳琴戏、徐州香包、徐州鼓吹乐、邳州跑竹马、邳州纸塑狮子头、丰县糖人贡共 9 项入选国家级非遗名录。这些丰富多彩的地方文化遗产是学校办学发展、专业内涵建设和技能人才培养的重要资源。

2. 区域优秀文化融入学院人才培养的主要实践

高职院校地方办学、服务区域，无论是市场需求规格输入与技能人才培养输出，抑或是技术服务提供，还是技术研发、人才培养、教学研究、科研服务以及文化传承创新等，都是新时代高校的基本责任，更是区域优秀文化与职业院校文化的相通相融、互补互鉴。无论是传统的学校形式，还是紧贴生产的企业模式，都需要在贯彻落实国家教育政策方针的基础上，把区域行业内的优秀文化因子融入教育教学过程。

(1) 区域优秀文化融入人才培养的逻辑分析

这种过程可以通过两种逻辑展开。一是按照知识生产加工的逻辑，根据多样性的生源类型，在每年开展人才培养方案修订时，在分类培养的个性化成长模块或相应专业基础模块中调整有关学习规定的设置，明确有关课程学习要求，对于专业类课程，契合优秀文化产品创作生产过程，合理设计专业教学进程，努力推进文创产品生产过程与课堂专业教学学习成果呈现的同步性，实现文化传承、艺术创作与专业建设、职业成长的协同推进；对于文化素养类课程，侧重于学生综合素养提升，立体式长周期多平台再构学校文化生态教育体系，重构文化艺术素养类课程体系，搭建课上堂下、网上线下、校内校外等多阵地融合互补平台，通过课堂浸灌、活动浸染、环境浸润、实践浸透等多渠道衔接沟通，提高学生综合文化素养和职业素质。

二是依据职业技能形成的实践逻辑，借鉴"合法的边缘性参与"理论，在实践共同体内，学习者沿着旁观者、参与者到成熟实践的示范者的轨迹前进——即从合法的边缘性参与者逐步到共同体中的核心成员[①]，在优秀文化因素的熏陶浸润中逐步理解掌握有关文化知识与技能。这一实践共同体强调在共同的文化历史遗产中，为不同经历与技能背景、不同年龄、不同兴趣的学习者提供学习成长的情境。情境可以通过建构或沉浸等多种方式实现，如纳入生活环境，通过声光电等技术手段立体或平面式展现先进文化理论成就、革命文化精神内涵和区域优秀文化典型，让学生在校园生活中就能够浸润在优秀文化中，汲取先进优秀文化因子促进个体成长。如笔者所在学校近年来大力推进文化育人场馆建设，建成中国礼射文化展览馆、大学生文化素质中心、思想政治教育基地、科技·智慧城市馆等文化场所近 3 000 平方米，学校文化育人资源得到极大丰富。依据建筑技术馆等校内实训场所建成了市、省、国家三级建筑文化科普基地，为学生提供了良好的职业实训条件，也成为区域内建筑特色文化传播中心。每年寒暑假期间周边地区的许多中小学都组织学生前来学习参观建筑文化。

(2) 区域优秀文化融入人才培养的样本实践

文化本身是特定历史时期一定区域内的人们在生产过程中凝聚的物质产品和价值创造。职业教育以直接服务生产一线为人才培养的实然目标。因此，把办学实践立于地方、把培养融入区域，应是高职院校办学实践的基本面向。笔者所在院校在文化育人的校本实践中，融入行业办学特色，深植区域优秀文化，把优秀文化因子"嵌入"课堂教育教学、"渗入"校园文化活动、"融入"校园精神文化，深化文化育人工作，提升以文化人的实效，把立德树人根本任务落到实处，提升人才培养综合质量。

一是"嵌入"课堂教育教学，提升学生文化涵养与职业技能。教育教学

---

① 莱夫，温格．情景学习：合法的边缘性参与[M]．上海：华东师范大学出版社，2004．

过程中嵌入区域行业文化优秀因子，是提高人才培养质量、提升学生基本文化素养与相关专业技能的重要途径。但发展为类型教育的高职教育，之所以为类，基本要义则是其技能人才培养的适应性，即针对性，能够培养出符合区域或行业需要的人才。这种适应性，首先是要适应被培养人才的方式需要，结合多样性生源与个人职业生涯发展需要，遵循“普及与提高相结合、课内与课外相结合、学习与实践相结合”原则，探讨推进“分类培养，分层教学”，提供个性化教学平台与课程体系，全面提升学生职业素养与人文素养。

这就要求高职教育要针对学校长期以来服务的煤炭行业、建筑行业、徐州市支柱产业、区域产业结构调整需求，以及学生职业发展的需要，打破原有专业设置思路，主动适应建筑业转型升级需求，主动服务徐州市现代服务业提速发展要求，合理设置专业（群），构筑公共基础、职业基础、专业方向、专业拓展四大层次化课程平台，学生按照意愿和规定选择专业群内的一个专业学习，或跨专业群转专业学习，根据基础厚薄、个人能力、兴趣爱好和社会需求来选择不同难度、不同内容、不同学习量的课程学习，制定个性化学习方案，激发学习热情，构建合理的知识结构和智能结构，满足学生个性化发展。

产教融合、校企合作是职业教育发展的基本途径，也是区域产业文化、行业企业文化融入技能人才培养的主要渠道。高职院校应当本着“双向介入，资源共享，合作育人”的原则，多方式开展校企合作，例如开展订单班、现代学徒制、企业学院、产业学院等，搭建起校企“双主体”育人的实践载体，促使参与人才培养过程成为企业自觉自愿的行为。学院在发展过程中，曾依托煤炭行业专业，与中煤建设集团合作共建中煤建设学院，校企共同制定人才培养方案、共同实施培养计划，通过四年制企业班培养企业认可的享受本科待遇的高职四年制人才，在毕业生就业、学生奖助学金、专业课程建设、教师挂职锻炼、兼职教师聘任、科技合作交流、实训基地建设以及学生文化活动中均有切实的合作成效，在学生培养过程中零距离实现了与企业先进文化、技术、工艺的有机对接。

作为工科院校，针对不同类别学生发展需求以及地域文化传播实际，学校在实施专业差异化发展中，把地域文化嵌入专业课程教学平台。依托徐州汉文化深厚底蕴，通过课程建设、作品设计、创意展览和校地共建等方式，将地域传统文化与艺术技能引入学习体系，丰富学生艺术创作内容与文化内涵。通过课程平台与企业网络无缝对接，将文化产业发展需求及时融入教学过程、产学合作中，以企业项目形式提升学生专业技能与应用能力。

学校“产学研培创、校政企多方联动”，串珠成链，把非遗引入校园、植入课堂，为非遗加码，为经济赋能，在校地对接中实现双赢①。近年来学校艺术设计专业对徐州民间非遗开展田野考察，汲取区域文化养分，开展项目化专业教学，“手把手”“面对面”开展现场实作培训，组建“专、技”结合的教学团队，设立“大师工作室”，推行非遗传承人、工艺技能人才的柔性引进，积极推动“创新手艺”反哺地方，使非遗传承人、手艺人借手艺致富，助力乡村振兴，彰显了高职院校的责任和担当。学生非遗（剪纸）爱好者董志强的“董家大院——打造非遗 IP，助力乡村振兴”项目在第十二届“挑战杯”中国大学生创业计划竞赛中获得金奖。

学校采用项目团队模式开展汉文化教育教学，让更多的学生参与进来，挖掘徐州文化符号，体会徐州汉文化、中国传统文化魅力，依托江苏建筑节能与建造技术协同创新中心等一批省市级技术研发平台，融合汉文化因子，加大技术研发与地方技术服务力度，着力服务地方经济发展。比如，帮助徐州非遗项目徐州剪纸、徐州香包、徐州泥塑等进行包装宣传与再设计；为中国邮政徐州分公司设计开发 2016 年猴票衍生品，并成功投入市场；对徐州土特产“八大样”进行“绿色、环保、乡土”包装设计，让土特产以一种“不土气”的形象出现在旅游市场中；帮助徐州汉画像石艺术馆合作开发汉画像石书籍设计及汉文化衍生品设计，作品在由学校牵头承办的“紫金奖”文化创意设计大赛徐州分赛（汉文化创意设计大赛）中获奖。

二是“渗入”校园文化活动，培育学生文化品位与综合素养。高职教育本身也是文化传承与创新的活动过程。作为技能人才培养的基本场域，职业教育不仅仅是对人才职业技能进行塑造以满足市场企业对技能人才的需

① 王俭. 江苏建筑职院以专业为纽带传承“流动的文化”　让地方非遗与手艺创新互动起来[EB/OL].（2022-03-08）[2022-07-25]. http://paper.jyb.cn/zgjyb/html/2022-03/08/content_606307.htm? div=-1.

求，更是为满足对堪当时代大任的人才培养的需要在课堂传授、情境实践、环境熏陶三位一体递进浸染中，系统性地推进立德树人根本任务落到实处。结合技能人才培养，根本任务的主要内容可以体现为五个方面，即先进文化、革命文化、区域文化、行业文化以及企业文化。同时，职业院校推进落实根本任务、以文化人，既要按照教育职业的知识生产规律，为党育人、为国育才，以先进理论引领人才培养，用革命文化擦亮人才底色，以区域优秀文化浸润学生成长，同时也要根据职业教育的技能形成规律，在行业文化、企业文化等有效职业情境里提升学生技能水平，增强技能人才培养的针对性与职业教育的适应性。

这需要用先进文化引领人才培养方向。从自身产生发展的历史过程来看，教育是每个国家用来传输阶级意识、培养人才的基本渠道。政治性是教育的基本属性之一。因而我国高等教育，必须坚持社会主义的正确政治方向，以习近平新时代中国特色社会主义思想为指导，以社会主义核心价值观引领知识教育，充分运用好课堂主渠道，坚持思政课程与课程思政同向同行，将先进文化融入人才培养方案，使先进文化进入专业课堂实践，以一脉相承的先进理论、与时俱进的先进思想，培育开阔学生文化视野，丰富厚植学生文化底蕴，蕴含提升学生文化气质。

这需要用革命文化擦亮人才培养底色。新时代技能人才培养必须深植于近代以来深刻的革命历史进程，必须深植于现当代中国深刻的社会发展进程，把技能人才培养深深融入新时代国家经济社会发展伟大实践。正如前文所述，徐州地区有着丰富的地方红色文化资源。充分运用地方革命文化资源，通过走访实践、红色宣讲、展室建设等，宣讲好、学习好、传承好淮海战役精神、王杰精神等，让红色革命资源进入课堂、进入社团、进入活动，以学生身边乐见、耳闻的形式或途径开展，往往更会增强教育效果，让理想信念教育更加增色，让学生在红色文化浸染中不断提升思想政治素养。

这需要用传统文化丰富人才培养资源。近期笔者在走访企业过程中，有企业负责人坦言，对技能员工的选择标准除了能证明在校学习情况的成绩单、实践经历外，在应届生身份上更看重学生的可塑性、在职业成长中对企业的归属感以及综合素养。针对综合素养提升，高职院校可以通过有序引进区域优秀传统文化资源,通过社团活动、社会实践、讲坛报告等形式,为学生提供更多优质传统文化素养,并融入学生个人成长基质。例如笔者所在学校,引进徐州地域礼射文化,成立大学生射艺队,建成国内高校第一个礼射场、礼射文化展览馆,承办礼射文化国际研讨会等,学生可在观礼习射中提升个人文化素养。

这需要用行业文化提升人才培养成效。职业教育的类型属性、产业融合的基本路径、工学结合的主要渠道,现在已经成为举办职业教育的社会共识。但对于工学结合、校企合作,无论是在政策操作层面还是院校落实方面,尚未形成一致的文化认同与社会行动。某种意义上讲,这也是我们技能人才培养成效为什么得不到行业文化基本认可的重要原因之一。根据正常职业教育经验,人才培养规格一般会滞后或迟缓于行业发展需求。如何把行业技术发展前沿信息或一般技能要求规范等行业文化核心元素融入人才培养过程中,把行业文化链接到专业内涵中来,是我们提升人才培养成效的关键突破点。

这需要用企业文化增强人才培养实效。高职院校培养人才成效究竟几何,最终应当是在岗位上由用人单位来进行评价。如何让学生更快适应未来职业与岗位成长,不仅是事关校企学生相关三方的利益事项,从更深层次来说,涉及企业文化与学校文化的有机交融、岗位要求与课堂教学的有机链接,从根本目标来讲,在突破了人才培养功利性目的之后,校企双方均看重技能人才这一文化产品在校企文化场域过渡和功能迁移中的适应性成效。正如笔者在徐州企业走访时,某企业总经理能够更早介入学生在校期间的学习环节,如跟岗实习或顶岗实习,让学生在企业生产环节的适应性学习中增强对企业文化的认知与归属感,从而提升学生选拔成效。

三是"融入"校园精神文化,为学生提供精神食粮与滋养平台。区域优秀文化是高职院校办学、技能人才成长的重要精神源泉与滋养。从深层次来讲,文化最终还是要体现于文化产品的精神呈现、文化环境的精神熏陶。因此,把区域文化、传统文化、优秀文化以及职业文化充分融入高职学生成长过程中的精神层面,在引导学生成长过程中固化为学生的行为认知、环境认可、精神认同,是融入校园精神文化的重要目标。借用文化四个层次理论来分析，融入校园精神文化的方式途径从内向外，也可以从心态、制度、行为、物态四个方面来加以解释。

心态文化是核心内层，主要强调长期在区域或行业优秀文化的熏陶下，学校在长期办学实践过程中所逐步形成的文化印迹、价值观念或思维方式等。最直接的体现便是校训、校风、校歌等充分体现学校办学理念的内容。例如，学校校歌首句，“风起云飞九州浩荡，云龙紫气山高水长”，便深刻生动地体现了学校办学历史变迁与所处地域文化。学校创建于汉皇故里、汉文化之源——徐州沛县，后因办学需要移址徐州泉山脚下。“风起云飞”，语出汉文化之源、脍炙人口的刘邦《大风歌》，用本土语言展现豪迈气概，体现学校的精气神。“九州浩荡”，徐州是古九州之一，历经战乱纷扰，见证了时代繁华，也演绎着学校历史变迁与厚重底蕴。“云龙紫气”则表明学校办学的地理位域。“云龙”指与学校相邻的云龙湖和云龙山。云龙山是苏北一带的名山，毛泽东等伟人曾登临，苏东坡《放鹤亭记》使云龙山名闻天下。曾有书载，云龙山“山有云气，蜿蜒如龙”，故名云龙山，云雾缭绕与“紫气”相配更恰当，寓指学校人才辈出。“戎装工帽”“桃李吐芬芳”，言简意赅地概括了学校办学光辉历程与主要服务面向。“戎装”泛指军士着装；“工帽”主要指矿工帽、安全帽等，是学校所培养的煤矿和建筑人才的典型装束。学校初建时为部队院校，主要是培养基建工程兵，后来部队撤改学校改制，先后划归煤炭部、江苏省，先后为煤炭行业、建筑行业培养技术技能人才。这一路走来，学校实现了转制升格、评估达优、省内重点、国家示范、中国双高等系列办学重要成就，也为军队和地方培养了一大批技能型人才，活跃在各条建设战线，为国家的发展贡献了一份力量。“筑万千广厦通衢桥梁”“磐石金汤鲁班梦想”，则充分体现了学校办学特色与人才培养理想，化用唐代诗人杜甫诗句，借用建筑业鲁班始祖，以“磐石”“金汤”意指人才培养质量，为国家建设更多优质工程。这首校歌古朴雄壮，浑厚激荡，既有着浓郁的汉文化特色，也充分体现了学校发展历史与办学成就，每天早上都响在校园中，也深深镌刻在建院人的骨血里，成为学校抹不去的一道文化印迹。再如校训“厚生尚能”，既有化用传统文化的奥妙，撷取《尚书·大禹谟》中“正德、利用、厚生、惟和”中“厚生”一词，结合黄炎培之“使无业者有业，使有业者乐业”职教理想，包含高职教育本义——办人民满意的高职教育，以“尚能”培养学生综合素质和职业能力，充分展现了学校对职业教育使命与传统文化教育相融的思考结晶和精神内涵。

当然，每所高校在自身发展过程中都会形成自己独特的校本文化。正如前文所述，军校时期虽然短暂，但特殊的军旅院校文化却流淌着建院办学过程中的铁血基因，铁的纪律意志、不怕牺牲的精神，都是学校初创时期艰苦创业的精神写照。根据校史记载，1979 年学校于沛县筹建。为了实现当年建校、当年招生的奋斗目标，学校发扬“抗大”精神，艰苦奋斗、迎难而上、因陋就简，翻修 30 多间旧平房，新建 27 间平房和 6 栋活动竹板房作为临时校舍，派专人到 21 所院校单位等收集课本 44 种共 11 000 多册、教学参考资料 900 多种共 5 000 余册，认真组织备课，保证教学质量，并在 1979 年 9 月 3 日隆重举行首届开学典礼，军校文化自此融入学校办学历史之中。到目前为止，军校时期的精神文化依然浸润在校园日常生活中，如学生管理的半军事化教育体系、校园生活中的准军事性活动内容、军校背景的文化场所教育基地等，如每日回响在校园中的军号、每周在国旗班护卫下的升旗仪式等。1982 年，部队裁撤学校转隶煤炭工业部为中专校之一，开始服务煤炭行业转型发展道路。而在这一过程中形成的犹如黑金般艰苦奋斗、奉献精神的煤炭文化，正是学校在煤炭建设行业内“煤建校”金字口碑的文化根源。在服务煤炭建设行业的 16 年发展期间，学校发展成为全国知名的最大重点中专校，为我国煤炭行业特别是淮海经济区煤炭行业的建设发展培养了近万名工程技术与管理人才，他们生产建设奉献在煤炭建设事业一线，也为煤炭事业发展做出了应有贡献。随着服务行业的转型调整，学校升格之后，主要服务于建设行业的发展，在军校文化、煤炭文化的激励下，学校深耕建筑行业，对内追求办学内涵与教学创新，注重人才培养方式创新与人才培养质量提升，办学成绩上不断取得新成果，先后获得教育部人才培养工作水平评估优秀等次、国家示范性高职院校、国家优质专科学校、中国特色高水平高职院校（A 类专业群）、江苏省卓越高职院校、江苏省示范性高职院校等标志性建设成果，对外不断提升学校在行业企业中的口碑，用人单位对学生的使用评价、校友对母校的满意度、学生对学校环境的满意度等在同类院校中排名位次比较靠前，这些在负重前行、爬坡过坎过程中所取得的内涵成果，正如所服务的建筑行业对质量的追求一样，形成了质量第一、追求创新的精神气质，凝铸成校本的精神文化基因，成为学校事业发展内在的文化动力。

制度文化，主要是指长期社会实践过程中建立起来的、调整社会关系的各种社会规范的总和。学校制度文化不仅包括学校文化实践过程中形成的正式制度文书，如规划体系、方案文书等，也包括实践过程中形成的校本文化、习惯做法等非正式因素，但这些都是在实践过程中形成的系统性过程性设计与实践，这是文化互融互鉴发展的制度基础。把区域优秀文化或行业文化有效融入人才培养的过程中，也需要符合人才培养和文化传输规律的相关制度规范作为保障。首先是要融入学生培养方案。培养方案是人才培养根本指南与操作规程，直接导引着人才培养内容与方案。当然，结合区域文化在学生技能形成过程中的位次，融入的方案类型与相应标准要求也会有相应差异。引优秀文化入课堂，主要包括进入专业课堂和思政课堂。如把区域汉文化元素或非遗项目引入专业人才培养实践，如艺术设计类等专业课程，把优秀传统文化元素融入专业课程内容、学生作品设计等，把非遗技能传承融入专业项目教学、课程实践流程，用符合专业成长、技能形成的规律途径与规范标准把优秀文化引入培养过程。如把区域传统文化或先进文化引入思政大课堂，挖深延展课堂阵地主渠道，拓宽丰富社会实践大课堂，推进完善思政课程与课程思政的同向同行作用，构建充实公共选修课程体系，利用丰富的网络课程资源，建立文化素质核心课程体系与网络泛在课程群落，为学生综合素养提升提供更加完善的课程实施方案与更多优质的课程资源。其次是要融入学校文化建设体系。对于一般院校而言，往往会把学校文化建设纳入事业发展规划，作为未来一段时期内学校融入文化资源加强文化育人工作的制度性纲领。如笔者所在学校在“十三五”“十四五”规划中制定学校文化建设规划，在江苏省高水平高职院校、卓越院校建设等建设方案中项目化推进学校文化建设，把区域文化的光大者、文化品牌的设计者等作为文化建设目标，制度化体系化设计中国礼射文化展览馆、文化素质教育中心等，推进以文化人，提升学生综合素质。制度化规划设计还需要体系化推进落实，将区域文化、先进文化以及职业文化的传播传承纳入学校文化育人体系，如通过“六个一”工程设计实施，把徐州地区非遗项目以及优秀传统体育文化等引入学生日常教育活动。

行为文化，主要是指在校园日常生活或者学生日常行为所体现出来的带有区域、校本或行业特色文化符号的行为方式、实践结果等。这是文化融合内涵的外在行为结果。这种文化交融对行为方式塑造的途径，依据校园地理环境，主要分为从外向内的被动式渗透和由内向外的主动式引入两种双向度融合。笔者所在学校近年来在区域优秀文化、先进文化或行业文化融入学生生活中，例如开展高雅艺术进校园、历史文化活动月等活动，推进红色文化宣讲进校园，聘请劳动模范、技能大师担任成长导师，进校园宣讲职教精神等，都是为了把优秀的文化因子活化进学生日常生活中，使学生在近距离接触与感染中浸习优秀文化因子。在先进文化教育方面，通过主题教育等方式，发挥校院党校、团校、班会课等培训教育阵地作用，开展经典诵读、红歌联赛活动，活跃校园文化红色主旋律。在传统文化教育方面，学校在“汉风讲堂”系列讲座基础上，拓展传统文化教育资源，逐步打造“厚生讲堂”品牌，把井秋红、王振霞、朱月香、侯敬爱等徐州地区非物质文化遗产传承人请进校园，介绍非遗背后的文化价值与艺术魅力。与徐州市汉画像石艺术馆签订人才培养与教育基地，讲授两汉文化生活与艺术史话。联合嘉礼堂、清华大学中国礼学研究中心举办两届礼射国际学术研讨会，邀请百家讲坛名家、清华大学彭林教授来校讲授六礼之乡射礼，讲解传统礼仪文化。在职业素养方面，“肯吃苦、下得去、留得住”是高职学生职业素养的基础要求。通过建构生产情境和社会环境，理实一体，在校内教学实训和校外生产实践“教学做”一体化中让学生理解、形成良好的职业操守与职业道德。分类实施“技能竞赛、科研创新、发明创造、自主创业、艺体特长”等人才培养工程，培育提升学生综合素养，激励学生在专利发明、挑战杯赛、创新创业赛、职业技能竞赛等中勇创佳绩。新华日报(2016 年 12 月 16 日)曾以《职院一个班，半数同学有专利》为题报道我校创新创业教育中出现的先进典型。在社会实践方面，通过科技文化“三下乡”活动等，数千名学生在社会实践中了解乡村民情、发挥专业之长、服务社区生活，在扎根祖国大地开展技术文化服务中长知识、增才干。

物态文化，主要是指在长期的生产生活实践中所凝聚形成的物化产品的总和，是可以感知的、物质的文化事物。从校园文化实践来看，主要是指区域内优秀传统文化、先进文化或职业文化在校园物理空间里的呈现，校园里的草木分布、教室里的环境设置、宿舍的文化氛围以及学校内景观场所的设计等等，无一不是静的文化表达、动的文化传承。校园是人才培养的主要场所，充分利用场所设计，一步一景、一寸一物，融入学生成长环境，形成处处、时时、人人育人的文化氛围。例如，充分重视学生校园生活成长的重要时点仪式感形象化，如开学季、毕业季、表彰会等，使校园大型集会成为一种神圣、庄重、严肃的文化礼仪，在增强学生文化印迹的同时亦可增强母校认同感。充分运用教学生活区零碎物理空间，对先进文化、企业文化、工匠精神、区域文化、校本历史、校友代表等优秀文化元素景观进行展示，丰富教室、宿舍、楼宇、实训场所等的文化育人功能，持续开展以文化人，不断提升文化育人成效。充分利用校园场所，结合学校内涵发展需要，集中建设场馆厅廊，把先进文化、红色文化、传统文化、非遗文化、行业文化、职业文化等充分展示出来，通过声光电技术、现场教学、沉浸式体验、实践操作等方式，让学生或访客充分领略到理论伟力文化魅力，从细处、实处、深处把立德树人根本任务、文化育人重要使命推向纵深，为堪当时代重任的重要技能人才的有效培养提供深厚文化营养。近年来，笔者所在学校持续深化立德树人根本任务，将文化育人事业体系化、项目化推进，不断加强资源投入，先后建设或修建中国礼射文化展览馆、建筑技术馆、科技·智慧城市馆、图书馆、大学生文化素质中心、思想政治理论课教学实践基地等场所，依据学校发展历史和校园景观，设计建造校园八景（风华正茂、林荫漫步、诗韵藤廊、鼎盛春秋、翰书叠栋、泉山夕照、射以观德、憩园晨读）。持续深入推进文化育人工作的成效也得以彰显，获得江苏省教学成果奖一等奖。

案例 1：

小剪刀：努力剪好“乡村振兴”大文章

非遗，是流动的历史文化，也是技能的传承传播。近年来，江苏建筑职业技术学院把剪纸等地域非遗文化技术技能传承传播引入艺术设计等相关专业课堂，以加强非遗传承人才培养，用小剪刀剪出剪纸产业发展路径，助推非遗文化在精准扶贫、乡村振兴中发挥积极作用。

培优非遗文化传承人。2016 年，艺术设计学院与徐州“董家大院”合作，开展技术传承人才个性化培养，助推非遗文化产业化发展，探索现代艺术职业教育助力非遗文化技术技能传承传播的新途径、新方法。徐州剪纸非遗传传承人董志强 2016 年入校学习，学院明确专业教师指导其技术成长，提升专业技能，并积极争取学校政策资源，成立“雅莲社”剪纸创业社团，摸索市场发展道路，获江苏省乡土人才“三带”新秀，创办“江都堂”剪纸馆，建立徐州市法瑞民俗文化传播公司，剪纸技术传承与产业化发展初显效应。

带领大学生创新创业。董志强依托“雅莲社”剪纸创业社团，通过个人作品展、剪纸艺术公益宣传等，吸引爱好者加入，社团规模达 176 人，直接带动 126 名大学生、67 名社会人员就业。其团队长期以来深入江苏师范大学、江苏建筑职业技术学院和徐州地区 10 余所中小学开展技术讲座、特色课堂，传播剪纸文化与技术。2017 年以来，社团开展“匠心筑巢”公益项目，通过剪纸技术培训长期关注徐州地区失独空巢家庭 20 余户，帮助他们走出精神阴影，该项目 2018 年获江苏省大学生创新创业大赛金奖。

打造非遗文化示范村。董志强及其同学团队深入挖掘家乡徐州市铜山区东沿村特有文化底蕴，积极打造以剪纸为核心，包含汉陶、石刻、香包等内容的全国非遗文化示范村，形成了线上线下、“互联网＋外贸”等多途径文创发展道路。2018 年，直接带动 70 余户村民创收增收，每户增收 4.6 万元。

融入精准脱贫攻坚战。长期以来，董志强团队积极服务乡村振兴、美丽乡村建设，积极融入精准脱贫攻坚战。2018年，先后开展技能扶贫等主题培训班10余次，惠及300余户家庭。团队还与睢宁县人民政府合作，以剪纸技能定点帮扶睢宁县高党社区。团队也先后赴四川大凉山、陕西太白县等地开展技术培训等。央视七套、江苏省电视台、徐州市电视台以及《新华日报》等媒体先后报道团队活动经验20余次。

案例 2：

用“射以观德”培育新时代匠人

党的十九大报告指出，“深入挖掘中华优秀传统文化蕴含的思想观念、人文精神、道德规范，结合时代要求继承创新，让中华文化展现出永久魅力和时代风采”。习近平总书记说：“不忘历史才能开辟未来，善于继承才能善于创新。”射艺为“君子六艺”之一，自古便是教育体系中的重要一科，蕴含着丰富的爱国主义、礼仪道德、工匠精神等育人元素。近年来，国家实施“传承中华民族优秀传统文化”工程，大力挖掘推进传统体育文化项目，射箭项目得以在高校快速发展。江苏建筑职业技术学院将传统射艺文化融入校园文化建设，探索把“射以观德”的民族传统引入“立德树人”的人才培养过程中。

礼射文化悠久浓厚。江苏建筑职业技术学院位于淮海经济区中心城市徐州，徐州有着深厚的射艺传统与弓箭习俗。《明史・志第六十七・兵三》记载，“徐州有箭手”，征募为乡兵，“随其风土所长应募，调佐军旅缓急”[①]。江苏建筑职业技术学院自 2014 年开始探索射艺项目，对有关软硬件设施进行改造建设。截至 2023 年初有射艺教学专职教师 3 名，建有教学专用射艺场 1 座（国内首座），建成国内第一个中国礼射文化展览馆。学院礼射文化建设得到清华大学中国礼学研究中心的支持。2016 年 4 月，学校成为清华大学中国礼学研究中心第一个礼射研习基地，开启了与清华大学中国礼学研究中心在射艺文化研究领域的全面合作。

礼射活动丰富多彩。2017 年，学校承办首届礼学国际学术研讨会；2019 年，学校主持弓箭习俗成功申报为徐州市非遗项目。近年来，学校先后举办全国级射艺社团大会 1 场、全国高校射艺集训 3 场、区域联赛及校内赛 24 场，参加全国大学生射箭（射艺）邀请赛 4 场，参与高校射艺师资培训 4 场、高

① 张廷玉，等. 明史[M]. 北京：中华书局，1974：2252.

校射艺教练员培训1场、社会展演18场，配合清华大学射艺课题调研与试验4次。2019年10月承办第三届中国大学生射箭（射艺）锦标赛，吸引众多青年学生参与到射箭运动中来，传承优秀传统文化，增强文化自信。截至2019年6月，射艺文化项目直接带动习射学生1 600余人，各类活动累计辐射受众4万余人。

礼射品牌意义深远。江苏建筑职业技术学院时任党委书记孙进教授指出："未来，学校将深度挖掘礼射传统文化的当代价值，倡导将射箭运动与学生的品行礼仪养成结合；将'华夏立国，射御卫邦'等历史故事融入学生的爱国主义教育；将'三年成弓'的品质追求和'徐州射手'的典故内涵融入学生'工匠精神'塑造；将'射以观德''育教于射'的育人传统融入学生的行为习惯养成和品德修养中，强化以'以射健身，以射品行，以射育德'的理念，涵育学生'强身报国、精技强能、追求卓越、敢为人先'的情怀。"

案例 3：

大学生思想政治教育基地

大学生思想政治教育基地于 2021 年建成，展陈面积 4 000 余平方米。设有人文之光、修身之道、中国脊梁、走向复兴四大展厅，是一座集文化展示、课堂教学、人文实践与数字体验的综合性文化展馆。基地通过文献、文物、复原实物、虚拟仿真、互动场景等方式对中华优秀传统文化、革命文化、社会主义先进文化进行综合展示。同时融入新媒体技术，结合数字化展示，打造“人文＋科技”“互动＋教学”“展厅＋课堂”“理论→实践”“课内→课外”“专业→全面”六大教育特色，旨在提高大学生政治思想、人文素养，陶冶艺术情操，弘扬中华优秀传统文化、革命文化、社会主义先进文化，培养通专并重的高素质职业人才。

（1）人文之光。人文之光系中华优秀传统文化展区之一。下设东方长歌与人文之光。其中东方长歌以虚拟仿真技术、实物呈现、图文并茂的方式讲述淮海大地沧桑演变、文明发展、历史人文，让学生感受徐州文化之异彩，领略其久远历史和魅力，培养区域文化自信。人文之光重点阐述中国一词的来源与文化概念，展示启智民众的古圣先贤和中华民族精神凝聚的经典古籍。并从学说、文化、物质的角度对汉文化的形成与影响进行综合表述。让学生直面历史，对话先贤，畅游经典，置身两汉文化之中，感受文化力量，汲取中华优秀传统文化育人营养，坚定文化自信，增强文化自豪感，激发传承发扬文化的使命。

（2）修身之道。修身之道系中华优秀传统文化在个人修养方面的应用展区。下设人生八雅与守护传习。其中人生八雅以古代君子的八种雅好为导引，布置琴、棋、书、画、诗、酒、花、茶等八个专题空间，以实物、新媒体技术、图文展板、互动体验等方式立体呈现君子志于道、据于德、依于仁、游于艺的修身之道。以此方式引领学生修德进业，追求高雅，涵养品行，培养情操。守护传习以展现传承至今的本地非遗文化为主，采用展示、体验、互动的方式将徐州本地看得见、摸得着、学得会、传得下的非遗文化立体呈现，树立本地文化自信，激发学生文化传承之责任担当。

(3) 中国脊梁。习近平总书记强调，一百年来，中国共产党弘扬伟大建党精神，在长期奋斗中构建起中国共产党人的精神谱系，锤炼出鲜明的政治品格。基地以中国共产党人精神谱系为主线，跨越百年党史，见证中国脊梁，追寻中华民族伟大复兴之路。更好地鼓舞青年学生弘扬光荣革命传统、赓续红色血脉，不断增强“四个意识”，坚定“四个自信”，做到“两个维护”，为实现中华民族伟大复兴凝聚起奋勇前进的强大精神力量。教育基地以图文展板造型及声光电技术手段实现线上线下互通联动，力求营造情景式、沉浸式教学环境，以增强教学的趣味性、观赏性。因此，除了常规的文字、图片和影像资料，还设有主题情景沉浸式课堂，在各单元设置开放式情景课堂，并运用 AR/VR 技术，打造沉浸式课堂体验。同时，为检验学习成果，还配有互动答题设备。此外，场馆内还有许多富有寓意的造型，如长津湖战役“冰雕连”——通过雕塑还原抗美援朝战场上的一个真实故事，显现伟大的抗美援朝精神。

(4) 走向复兴。这是走向复兴的新时代！建成社会主义现代化国家、实现中华民族伟大复兴，是当代中国青年的历史使命。未来中国，物质文明、政治文明、精神文明、社会文明和生态文明全面提升，国家治理体系和治理能力实现现代化，成为综合国力和国际影响力领先的国家，中国人民基本实现共同富裕，享有更加幸福安康的生活，中华民族将以更加昂扬的姿态屹立于世界民族之林。教育基地以让学生入脑、入心为目的，从让学生喜欢来，到让学生愿意来，运用新颖的体验互动方式，切实提升思想政治理论课的亲和力、吸引力、说服力和感染力，力求建成高校思政教育的网红打卡地。

案例4：

中国礼射文化展览馆

中国礼射文化展览馆陈列面积395平方米，馆藏展品1 300余件，设有基本展厅、互动体验厅、多媒体厅三个主厅，是一座兼具藏品展示、人文传习、教学实践与数字体验的文化展览馆。展览馆以版面展示立体化、实物场景一体化、景观模拟动态化、展示手段科技化的方式，通过文献、文物、复原实物、3D模型、图文介绍、新媒体设备对礼射文化进行综合展示。旨在通过深度挖掘礼射文化蕴含的思想观念、人文精神、道德规范，以体教结合的方式引导学生领悟为学、为人、为事之道，培养通专并重的高素质职业人才。

基本展厅包括“礼射初现”“礼射发展”“今日礼射”“制弓造箭”四大单元，系统地展示了礼射的起源、发展、复兴以及非遗技艺和教育价值。

“礼射初现”单元，从传说、文献、文物三个方面介绍弓箭起源，借助复原实物、图文、影像展示原始射箭活动向猎射、军射、礼射的演变。利用互动媒体设备和立体图文展示礼射在文化领域的表现和文化育人特点。结合文献资料，通过图文视频方式将先贤对射的论述进行集中展示，突出礼射的文化性和教育性。本单元陈设有真实比例的“御射”模型，通过背景深化、数字光影技术，再现弓定四方、射御卫邦的军射特点。

“礼射发展”单元，以时间为轴线，系统展示了礼射从先秦到近代的发展变化。特别设置“周代乡射礼”展区。该区以清华大学中国礼学研究中心《仪礼·乡射礼》复原成果为学术依托，从仪轨、服饰、器物等方面对乡射礼进行全面展示。展区陈设有反应乡射礼盛会现状的乐射模型，立体呈现了礼射在个人修身、民众教化、国家选才中发挥的重要作用。本单元陈设有等比例的“三弓床弩”模型，通过冻结万箭齐发场景，再现当时官兵以射御敌，保家卫国的场景。

“今日礼射”单元，以徐开才、李淑兰两位射箭前辈为国争光的事迹为切入点，反映新中国成立后中国射箭取得一系列成就的光辉历程。“首届礼射国际学术研讨会学术成果展”对致力于礼射研究的学者和推广者在学术、器物、赛事方面取得的一系列成就进行展示。校园礼射发展以“徐州箭手”这一历史赞誉为背景，介绍了徐州高校礼射起步、发展、再创辉煌的新时代征程。并对我校在礼射发展中牵头和参与的关键性事件进行情景再现，多角度解读学校以礼为核心，以射为载体，围绕“立德树人”，发挥中华优秀传统文化育人作用，助力人才培养的一系列举措。

“制弓造箭”单元以相关文献为主体，展示了历史上关于弓箭制作技艺的相关著作。同时陈设制弓造箭流程模型和关键点实物，将三载成弓的工匠精神通过图文、模型、视频传达给观众。本单元还对现代制弓技艺进行展示，反映今日弓人在制弓技艺上法古开今、古为今用的创新思想和技术革新。

互动体验厅设有“力挽强弓”“掷矢明志”“百发百中”三个体验项目。在“力挽强弓”体验中，融入科技的强弓可以实时显示体验者的开弓力量，使开弓者与历史上的神射手进行一次跨越时空的力量比试。“掷矢明志”以汉代投壶为原型，融入感应设备，以光电形式显示投掷结果，以此反馈给体验者，使其调心正志，体悟“发而不中反求诸己”的礼射思想。“百发百中”通过虚拟仿真技术再现“礼射”“军射”“猎射”历史场景，体验者浸入式参与其中，亲身体悟射之魅力。多媒体厅配有高清投影，以影音形式展示礼射相关研究成果，以此实现动作、器物、仪轨展示同步化，整体、局部、细节表现同步化。

中国礼射文化展览馆是学校射艺课程授课场所之一，定期举办专题讲座、微科研、社会实践等中华优秀传统文化活动。目前邀请清华大学、江苏师范大学、中国射箭协会传统弓分会等专家开展多期“射艺大家谈”活动；与清华大学师生开展“汉代弓弩复原研究”微科研；礼聘清华大学、军事科学院、兰州理工大学等单位的国内知名专家为中国礼射文化展览馆资深顾问。中国礼射文化展览馆以扎实的学术基础、丰富的陈列展品、精彩的展示方式积极开展礼射文化展演、进校园、进社区等系列文化推广活动，让中华优秀传统文化浸润师生大众，促进人文发展，谱写荣耀华章。

第四章 讲好校本故事，增强家校的文化认同

当下职业教育的类型定位，已经从政策法规层面进行了规定。从职业教育的历史过程来讲，这种定位伊始便与传统教育有着不同的形成发展轨迹与社会政治属性。前工业社会时期，职业教育附属于经济社会生活中，依附于传统的生产劳作方式，在日常家庭或作坊的劳作中形成生产技能的默会传承。这种技能教育本身便是与经济生产一体的。进入工业社会，生产过程流程化，生产工艺标准化，经过科学管理，职业技能可以脱离生产过程进行批量化的学校教育形成，因此，现代意义的职业教育主要是学校教育，脱离生产生活一线，逐步产生了产教分离、工学脱节的教育弊端。这一弊端的渊薮便是现代化、规模化大生产发展中，职业教育本身的迷失。因此，现代条件下职业教育的发展离不开市场环境，职业院校发展离不开所属区域、服务行业。因此，进一步探究院校在自身服务区域、服务行业发展过程中形成的有效的办学形式与校本文化，也是高职院校深化改革发展离不开的重要物质基础。这里以笔者所在学校为对象来进行分析。

第一节　服务行业转型发展中形成校本特色

江苏建筑职业技术学院前身是创建于1979年的中国人民解放军基建工程兵第三技术学校，主要是为基建工程兵煤炭部队培养技术力量，服务国家煤炭开采事业发展。1984年，根据国家经济体制改革和军队精简整编安排，学校撤改为煤炭工业部直属学校，更名为徐州煤炭建筑工程学校继续为煤炭工业发展培养技术人才，提供技术服务。自此，伴随着煤炭行业发展的起转沉浮，学校也开始了服务行业特色转型发展道路的探寻。

1. 煤炭行业教育发展

煤炭,为近现代工业革命的发展、工业社会的形成奠定了能源基础。煤炭,也是我国的主要能源和重要的化工原料。煤炭行业为社会提供了大量就业机会,对我国国民经济发展有着极为重要的意义。

新中国成立以后,我国煤炭行业在完全计划经济环境下运行,企业的生产、销售、定价等都按照指令计划完成。改革开放以后,随着市场活力的逐步释放,社会经济发展对煤炭等基础能源的需求猛增,煤炭供应紧张,成为制约国民经济发展的因素。为此,国家深化煤炭工业改革,放宽对煤炭行业的管理政策,提出“有水快流”,倡导“大中小一起上”,大力发展煤炭生产,加快国有重点煤矿发展,鼓励发展乡镇小煤矿,煤矿数量迅速增加。全面推行企业承包经营责任制,把煤炭企业推向市场,开始探索建立现代企业制度。但煤炭产业过度粗放的模式,也导致了产业发展质量低下,市场严重供大于求,全行业陷入困境。加之亚洲金融危机和国内外市场变化的影响,行业发展相对不景气,国有大型煤矿经营举步维艰,煤炭行业一些深层次矛盾开始显现。1998 年以后,国家撤销煤炭工业部,下放国有重点煤矿管理权,深化煤炭管理体制改革,加快煤炭行业改革和结构调整,推进政企分开,突出企业的市场主体地位,强化市场配置资源的基础性作用,努力构建新型煤炭工业体系。进入 21 世纪,我国推动煤炭工业由传统走向现代,转变经济发展方式,着力提升供给体系质量,突出供给侧结构性改革,推进煤炭工业高质量发展。

煤炭高等教育在我国已经有百年历史,最早可以追溯到 1909 年清政府时期的焦作路矿学堂。新中国成立初期,以 1950 年创建中国矿业学院为开端,国家创建了一大批煤炭高等院校和职业院校,为煤炭行业发展提供源源不断的人才支持与技术服务。新中国煤炭高等教育发展历程可以分为三个阶段:1950—1978 年为新中国煤炭高等教育的起步阶段;1978 年中国矿业学院复校到 20 世纪 90 年代末为煤炭高等教育发展调整的第二阶段;1998 年煤炭工业部撤销,部属煤炭高校改省属高校至今为第三个阶段[①]。

---

① 刘远,俞书伟.基于历史数据的煤炭高等教育发展研究[J].当代教育实践与教学研究,2016(6):46-48.

1978 年，随着我国高等教育的恢复和发展，煤炭行业办学的体制得以重新确立，四川矿业学院、阜新煤矿学院、焦作矿业学院、西安矿业学院、淮南煤炭学院、山西矿业学院、山东矿业学院、唐山煤炭医学院等原有的 8 所高校和 1978 年前后建立的湘潭煤炭学院、河北煤矿学院、鸡西矿业学院、淮北煤炭师范学院等 4 所高等学校的管理体制明确为：以煤炭工业部为主的省、部双重领导。至此，12 所煤炭高等学校恢复和确立了以煤炭工业部为主的领导管理体制①。随着经济的发展和企业对经营管理人才的需求增加，以及国家对煤矿职业病防治和职工健康的重视，又陆续建立了中国煤炭经济学院、华北矿业高等专科学校、鸡西煤炭医学高等专科学校。截至 1998 年全国高等教育管理体制改革前，煤炭部管理的普通高等学校共有 15 所（表 4 - 1）。与此同时，为解决煤炭行业人才短缺问题，煤炭工业部又先后与贵州工学院、重庆大学、同济大学、福州大学、北方交通大学、西南交通大学、山西医学院、徐州医学院、徐州师范学院等高等学校签署了联合培养协议，为煤炭行业培养了大批人才②。

表 4 - 1　煤炭高等教育发展情况③

原煤炭部时期学校名称	目前学校名称
四川矿业学院	中国矿业大学
阜新煤矿学院	辽宁工程技术大学
山东矿业学院	山东科技大学
西安矿业学院	西安科技大学
焦作矿业学院	河南理工大学
山西矿业学院	太原理工大学
淮南煤炭学院	安徽理工大学
唐山煤炭医学院	华北理工大学

① 李增全．改革开放四十年的中国煤炭高等教育[J]．煤炭高等教育，2019，37(1)：2 - 6．

② 同①．

③ 《中国煤炭高等教育史》编写组．中国煤炭高等教育史：1949—1999[M]．徐州：中国矿业大学出版社，2001；刘远，俞书伟．基于历史数据的煤炭高等教育发展研究[J]．当代教育实践与教学研究，2016(6)：46 - 48．

续表 4-1

原煤炭部时期学校名称	目前学校名称
河北煤矿学院	河北工程大学
湘潭煤炭学院	湖南科技大学
鸡西矿业学院	黑龙江科技学院
华北矿业高等专科学校	华北科技学院
淮北煤炭师范学院	淮北师范大学
中国煤炭经济学院	山东工商学院
鸡西煤炭医学高等专科学校	哈尔滨医科大学

1998 年,国务院实施机构改革,撤销煤炭工业部组建国家煤炭工业局,除中国矿业大学、华北理工大学外,原煤炭工业部所管高校大部分改为中央和地方共建,以地方管理为主。受高等教育大众化的国家政策导向和市场经济条件下煤炭行业的新变化影响,煤炭高等教育出现了组织结构调整、招生就业困难和办学资源流失等情况。煤炭高等教育发展面临矛盾,一方面,煤炭高等教育不再是所在高校的唯一特色和品牌,办学力量有所减弱,同时煤炭高等教育受行业影响较大,难以形成长期稳定的发展态势;另一方面,新世纪煤炭行业实现升级换代,又需要煤炭高等教育加强办学力量,提供人才和技术支持。各高校对办学方向和学科建设进行重新定位,强化学校的优势专业和学科,明确为煤炭行业和地方经济社会发展服务的“两个面向”;同时,在扩大办学规模、拓宽服务面向、提升综合实力的基础上,保持煤炭相关学科特色和优势,一定程度上缓解了煤炭行业人才短缺的情况。

近代中国职业教育,始于晚清《钦定学堂章程》(壬寅学制),从在普通学校中附设实业科,到设立专门的实业学校,逐步发展为有一定规模和体系的职业教育。1904 年 1 月,清政府颁布《奏定学堂章程》(癸卯学制),对实业教育制度进行修改。1913 年中华民国政府公布《实业学校令》,对实业教育进行改革。在西方科技传入和近代实业救国的基础上,我国近代煤炭职业教育雏形逐步产生,并伴随着煤炭工作发展而艰难前行。1892 年开办的湖北矿务局工程学堂、1898 年开办的南京矿路学堂等都是最早的煤炭职业教育的萌芽。但近代中国煤炭教育发展却受到冷落,虽有少数的煤炭教育学校或培训,如萍乡矿务学堂、抚顺煤矿和开滦煤矿等开办的学校,但并未形成对矿业发展的支持与推动。新中国成立前夕,我党在东北解放区举办有关煤炭干部工人的文化技术培训班,形成了煤炭职业教育的雏形。

新中国成立后,正处于恢复和发展时期的煤炭工业同全国各行各业一样,急需培养大批煤炭专业技术人才。面对百废待兴,尤其是国民文化水平亟待提升、一线技术人才匮乏,国家逐步加大对教育的投入,中等专业技术学校得到快速发展。国家煤炭主管部门(燃料工业部)高度重视职业教育,依托各地主要矿区新建了一批煤炭中专学校、技工学校、煤矿工人速成中学、业余学校、职业学校和工人干部文化学校,初步形成了发展煤炭教育的基础。这一批批煤炭职业技术学校既是对初期煤炭高等教育的补充,更是为国家建设初期煤炭事业的发展输送了一批批有知识、懂技术的技术人才。但随着国家建设的曲折前进,我国初期煤炭职业教育也经历了曲折发展的艰苦历程。

1958 年全国“大跃进”运动中,在“鼓足干劲,力争上游,多快好省地建设社会主义”的总号召下,煤炭教育也受到了“左”倾冒进思想的影响,为服务煤炭工业“大跃进”发展,“两条腿走路”,国家办学与厂矿办学并举、普通教育与职业教育并举,尽快尽力多办大学、办中专、办技校,有条件要办,没条件创造条件也要办。在“大跃进”运动中,新建煤炭中专学校 91 所。这些学校,有的由工人学校或工人干部学校改制兴办中专,有的是在技校或中学基础上扩建的,还有一些则是在办学条件极其简陋的情况下匆忙挂牌宣布建立的。新老煤炭中专学校达 100 多所,良莠不齐在所难免[①]。

“大跃进”运动导致国民经济片面、畸形发展,再加之三年严重困难,1961 年初,国家开始了对经济社会领域全面的“调整、巩固、充实、提高”。这一时期,煤炭工业部通过对数量众多的学校的停办、撤并和改办,煤炭职业教育得到有效调整,走上了健康发展的轨道。但随后而来的十年“文化大革命”,学生停课闹“革命”,学校受到极大破坏,煤炭职业教育进入发展史上最

① 《中国煤炭职业技术教育史》编写组. 中国煤炭职业技术教育史:1949—1999[M]. 北京:煤炭工业出版社,2006.

曲折、最彷徨和动乱时间最长的时期。

粉碎“四人帮”后，伴随着改革开放的春风，煤炭职业教育发展也迎来了新的春天，走上了快速发展的快车道。煤炭工业部加快复建步伐，推动煤炭中专学校尽快恢复办学秩序，同时加强对行业办校的领导，深化煤炭中专学校管理体制的改革，不断为煤炭行业发展培养大量中等专业技术和企业管理人才。

改革开放尤其是经济发展模式的转型，不仅给煤炭工业的发展带来了希望与机遇，同时也使煤炭工业面对着严峻的挑战。在由计划走向市场的过程中，煤炭工业发展暴露出诸多体制性、结构性的问题。煤炭职业技术教育有着深刻的行业办学的特色烙印。因此，学校的兴衰和发展，与煤炭行业发展成正相关关系。传统办学模式下，学校办学经费不足，专业面狭窄，生源难以为继，学校建设发展受到极大制约。煤炭中专学校为摆脱困难，主动适应新经济形势的挑战，开创了多种办学模式，扩大招生规模，立足煤炭，面向社会办学，形成跨行业、跨部门、跨地区、跨所有制培养人才的格局。扩大规模带来了学校效益的提高，充实了办学经费，在此基础上，煤炭中专学校深化内部机制改革，扩大建设，充实内涵，提高教学质量，大多数煤炭中专学校的发展步入良性循环。20 世纪 90 年代是煤炭中专教育发展最辉煌的时期①。在开展高职教育试点经验的基础上，1999 年 6 月，北京煤炭工业学校、徐州煤炭建筑工程学校等 25 所煤炭中专升格为高职院校或并入高校（表 4 - 2）。

表 4 - 2　部分煤炭中专学校升格发展情况一览表

序号	原校名	现校名	发展方式
1	北京煤炭工业学校	北京工业职业技术学院	升格
2	大同煤炭工业学校	山西大同大学	并入
3	辽源煤炭工业学校	辽源职业技术学院	升格
4	黑龙江煤炭工业学校	黑龙江科技学院	并入
5	徐州煤炭建筑工程学校	江苏建筑职业技术学院	升格

① 《中国煤炭职业技术教育史》编写组. 中国煤炭职业技术教育史 1949—1999[M]. 北京：煤炭工业出版社，2006.

续表 4-2

序号	原校名	现校名	发展方式
6	徐州煤炭工业学校	江苏师范大学	并入
7	泰安煤炭工业学校	山东科技大学	并入
8	阜新煤炭工业学校	辽宁工程技术大学	并入
9	重庆煤炭工业学校	重庆工程职业技术学院	升格
10	秦皇岛煤炭工业管理学校	河北科技师范学院	并入
11	贵阳煤炭工业学校	贵州大学	并入
12	抚顺煤炭工业学校	辽宁石油化工大学	并入
13	内蒙古煤炭工业学校	内蒙古科技大学	并入
14	陕西煤炭工业学校	陕西能源职业技术学院	升格
15	西安煤炭卫生学校		
16	云南省煤炭工业学校	云南能源职业技术学院	升格
17	福建煤炭工业学校	龙岩学院	并入
18	山西煤炭工业学校	山西工程职业技术学院	升格
19	江西省煤炭工业学校	江西工业工程职业技术学院	升格
20	湖南煤炭工业学校	湘潭大学	并入
21	杭州煤炭工业学校	浙江工商大学	并入
22	长春煤炭工业学校	长春工业大学	并入
23	晋东南煤炭工业学校	长治职业技术学院	升格
24	焦作煤炭工业学校	河南工业和信息化职业学院	升格
25	湖北煤炭工业学校	中南财经政法大学	并入

信息来源:《中国煤炭职业技术教育史:1949—1999》、相关学校官网及有关百度百科知识。

1998 年 3 月,根据全国人大九届一次会议决议,国务院机构改革,撤销煤炭工业部,开展煤炭教育管理体制改革,除中国矿业大学、华北矿业高等专科学校和北京煤炭工业学校外,共有 13 所高校、23 所中专学校等划归地方管理。从表 4-2 可以看出,这些煤炭中专学校,或由于办学基础较好独立升格为高职学院,或以煤校为主合并为高职院校,或改变名称、调整服务方向，或者直接并入地方高校。在经历管理体制改革、走上高职教育发展的道路上，原煤炭职校在办学上重新定位，办学方向与服务面发生较大变化，更加注重深化职业教育理念与教育方式的改革，更加注重服务地方区域经济发展，从而更好地获得地方政府和区域行业的认可支持，办学规模不断扩大，办学效益不断提升，学校事业发展基本走上健康发展的轨道。多数高职院校的名称已经不见“煤矿”二字的踪影，煤炭特色专业日渐凋零，煤炭人才流失严重。即使在原煤炭本科高校中，像采煤和地质这样的煤炭特色专业也是日薄西山，难以为继[①]。一方面是煤炭教育的不断萎缩，一方面是煤炭工业高质量发展的不断需求，尤其是煤矿安全生产方面的残酷教训，自然让对煤炭行业从业者尤其是一线生产技术人员素质和职业行为起着某种决定性作用的煤炭职业教育与培训成为被关注的焦点之一[②]。

2. 学校服务行业办学道路

1983 年 4 月 22 日，中国人民解放军基建工程兵第三技术学校、徐州煤矿建筑工程学校交接仪式如期举办。自此，学校开始了新的办学探索发展史，也形成了颇具特色的学校文化发展道路。

(1) 服务煤炭行业的改革探索发展

军转地之后，学校不仅面临办学体制的改革探索，更是有着办学定位与服务面向的特色内涵的探索发展。这段时期主要是学校中专发展阶段，学校不仅成功实现了办学体制的改革转型，也形成了鲜明、有影响的办学特色，在服务煤炭行业发展过程中形成了深厚的产教校企情谊，凝铸形成了浓郁的煤炭文化。

首先是办学体制的探索发展。16 年来，学校在煤炭工业部的指导下，不断深化办学机制、管理体系改革，持续把改革的精神、制度的优势转化为学校办学水平的提升、治学效能的提升，持续夯实服务业发展的合作基础、学校事业发展的文化根基。

学校中专时期管理体系的变迁在一定程度上也反映了我国煤炭行业管

---

① 邹京生.煤炭职业院校管理体制调整后教育现状分析[J].煤炭高等教育，2003，21(4)：105－107.

② 《中国职教学会》期刊编委会调研组.面对死亡的困局：关于煤炭职业技术教育的报告[J].职业技术教育，2005，26(27)：14－22.

理体系与发展命运的沉浮。1988年，在新一轮政府机构改革中，国家成立能源部，撤销煤炭工业部，推进政企分开，组建中国统配煤矿总公司，探索符合社会主义市场经济与经济体制改革要求、煤炭行业市场化发展的道路，学校划归总公司管理。1993年，国家重组煤炭部，学校仍归属煤炭部。1994年7月煤炭部将学校划归其下属的中煤建设开发总公司（后改为中煤建设集团公司）管理，学校的发展与煤炭行业发展更加紧密。1998年，随着新一轮国家机构调整，煤炭工业部撤销，原行业办学的教育管理体制改革为地方管理，学校划归江苏省人民政府，时归江苏省教委管理。

在内部办学管理体制上，学校长期以来坚持党委领导下的校长负责制。撤销改编工作是一项重大的体制改革。如何迅速适应新的办学条件与体制要求，提升办学活力？在改制前期，学校党委行政加强领导，把搞好撤改建制、建立和稳定教学秩序和安定团结，加快基本建设，作为学校的中心工作[①]。学校设置和调整机构，大量引进人才，制定规章制度，稳定教学秩序，疏通地方业务渠道，致力于体制转换、队伍建设和基本建设。在此基础上，学校深入推进内部管理体制建设，开展综合配套改革，坚持系统思维、改革思维，强化问题意识、目标导向，实施教育目标责任制等7个方面的综合配套改革，进一步解放了办学思想，激发了办学活力，当时学校的发展动力与发展效益都得到了极大的增强。

其次是办学定位道路的探索发展。从师级军校撤改为县团级中专校，不仅要克服办学层次、办学体制等文化心理落差，更重要的是要尽快重新确定办学定位与办学道路，再次树立、凝聚和塑造起深层次上推动学校事业在新道路上取得新发展的精神文化动力源。

改制初期，学校定位于继续服务煤炭行业发展，制定了把学校办成一流水平、具有文化特色、服务煤炭工业的发展目标。在办学特色上，继续坚持服务煤炭行业发展，拓展主干专业市场服务面向，开拓形成服务行业的新增长点，努力把学校办成一流的中专院校。在办学道路上，随着改革开放不断深入，坚持走市场化办学道路，在抓好教学中心工作的同时，努力按经济规

① 《徐州建筑职业技术学院校史》编审委员会. 徐州建筑职业技术学院校史：1979—2009[M]. 徐州：中国矿业大学出版社，2009.

律办事，不断拓展服务行业、服务地方的领域，并取得显著成效。在办学形式上，不断强化内涵建设，提升专业建设成效，不断提升人才培养服务质量，同时多渠道丰富办学形式，紧贴煤炭行业人才需要和文化需求，开设职工班、中师班、西藏班等，另外走出校门，举办大专班、张家港分校等，为地方发展培养人才。在办学层次上，紧贴职教发展大趋势，把试办高职教育作为发展方向，集聚全校职工心血与智慧，经过多次努力，1997 年开始试办高职专业，举办数量与培养规模逐年扩大，这为日后学校升格奠定了良好的基础。

再次是办学效益成果的凝聚彰显。职业教育基本功能是技术人才的培养、技术服务的提供、技术文化的传播。16 年的中专校时期，学校以服务煤炭建筑行业为特色，在长期以来服务煤炭建筑行业发展过程中既形成了优良的社会美誉，"煤建校"的文化品牌效应不断显现，同样在自身办学过程中也以事争一流、改革奋进的积极姿态不断推进事业发展，不断取得新的成绩、新的办学成果。

综观学校中专时期，可以分为基础建设和改制时期（1983—1990 年）、评估争优与改革时期（1990—1995 年）和快速发展与提升时期（1995—1999 年）①。经过历届煤建人的共同努力与改革实践积累，学校建立起良好的教学秩序和适应行业、地方经济发展的办学机制。20 世纪 90 年代初期，学校以市场为导向，以教学为中心，深化教育教学改革，主动适应市场经济，全面提高教育教学质量和办学效益。在 20 世纪 90 年代事业发展取得了系列成就，办学成果效益得到充分彰显。90 年代初期，在江苏省中专学校合格评估中获得 A 等，被评为全国重点中专学校。1994—1996 年，学校办学规模不断扩大，到 1996 年，学校招生规模稳定在 6 500 人，成为当时全国最大中专校之一，学校综合办学实力全面增强，影响力不断扩大，为学校进一步快速发展打下了坚实基础。

最后是办学条件保障的建设提升。办学环境的不断提升、教学条件的持续改善，是学校事业综合发展的坚实保障，这也是煤建校文化品牌铸造的

---

① 《徐州建筑职业技术学院校史》编审委员会. 徐州建筑职业技术学院校史：1979—2009[M]. 徐州：中国矿业大学出版社，2009.

物质基础。校园面积不断扩大，由改制初期近 4 万平方米(建筑面积)，升格前增加到近 12 万平方米，教一、教二、综合实验楼、图书馆等进一步改善了人才培养条件。一届届"风华正茂"的工农学子徜徉在煤建校的知识海洋里，为一座座"城市之光"燃烧着自己的一分能量，而林荫繁茂、四季常绿的校园不仅是每一位校友常牵念的故园记忆，园林式单位、花园式学校也孕育着特色的校园文化。《有什么胃口点什么菜》①、后勤社会化改革，也一度让学校走上热搜头条，成为"别人家的食堂"。

16 年的中专校办学史，也是学校深耕服务煤炭建设行业的历史，同样也是孕育学校转型发展的关键期。由于煤炭行业市场发展的波动，尤其是 90 年代中期煤炭市场低迷，煤炭类专业招生规模逐步压缩，1999 年仅招一个班，此后煤炭类专业停招。但中专校时期为煤炭行业培养的大批技术技能人才却是学校发展过程中重要的校友资源。学校也保持着与煤炭行业尤其是煤炭职业教育院校良好的协作关系。也正是这些宝贵资源与友好关系，2005 年，学校煤炭建设类专业复开，继续为煤炭建设行业培养技术人才，同时与中煤建设集团深度合作，自主联合培养四年制高职人才，这也是学校首度探索四年制高职人才培养模式。

让天然纽带焕发时代风采　用煤炭情结振兴能源科技

矿建类专业四年制高职人才培养开钻"破冰"②

校企共建"中煤建设学院"签字仪式在京举行

2012 年 5 月 8 日，我校与中煤建设集团签署《校企合作协议书》，共建"中煤建设学院"，标志着校企双方联合开展的矿建类专业四年制高职人才培养进入实质性阶段，对抢抓煤炭工业进行结构调整、实现产业优化升级的重要战略机遇期具有重要意义。

历史上由于国家对原煤炭院校管理体制的改革，以及煤炭行业特色专业往往是比较艰苦的专业、对学生吸引力不足等，因此煤

① 李曜明. 有什么胃口点什么菜[N]. 人民日报，1998-04-14(11)；《徐州建筑职业技术学院校史》编审委员会. 徐州建筑职业技术学院校史：1979—2009[M]. 徐州：中国矿业大学出版社，2009.

② 孙伟. 矿建类专业四年制高职人才培养开钻"破冰"[N]. 江苏建筑职业技术学院报，2012-05-15(1).

炭行业出现了严重的人才断层,这已经成为煤炭行业健康发展的瓶颈。当前,煤炭建设行业的转型升级和结构调整,急需大量优秀的一线应用型、技能型人才。

我校作为“煤”字号院校,不仅与煤炭行业有着天然联系,而且与企业合作形成的“预就业条件下的校企联合培养”人才培养模式成为教育部典型推广案例,已经向煤炭行业输送了大批急缺人才。校企双方强强联合,各负其责,通力合作,努力把中煤建设学院和学校日常教育教学、科研开发、培训基地建设紧密结合,把中煤建设学院建成国内有知名度的优质企业学院。中煤建设集团与江苏建筑职业技术学院具有相同的行业背景,联系密切,感情深厚。双方本着“建立互信、资源共享、互惠互利、共同发展”的原则,共同建设中煤建设学院,共同建设培训基地,共同探索四年制矿井建设人才培养工作,一定会为推动中煤建设集团“人才兴企”战略实施、加强“三支队伍”建设、优化人力资源结构做出积极的贡献。

据悉,中煤建设学院院长由中煤建设集团派出,副院长由我校与中煤建设集团分别派出。校企双方共同制定人才培养方案和教学计划,充分利用双方的有效资源,发挥校企双方各自优势,共同开发课程,共同参与人才培养,实现预定的人才培养目标,促进学生的专业学习与职业能力的对接,满足企业的用人需要,毕业后由中煤建设集团按照择优原则安排学生就业。

为解决生源不足问题,学校将通过自主单独招生,在中煤建设集团内部选拔优秀青年进入我校进行学历教育,进一步提升学生的业务素质和职业能力,以培养符合企业发展需求的专门人才。

江苏建筑职业技术学院“四年制”矿井建设专业学生顺利毕业①

2014 年 6 月 8 日,中煤建设学院首届矿井建设专业(四年制)学生毕业。中煤建设学院是由江苏建筑职业技术学院与中央企业

① http://zjjt.jsjzi.edu.cn/2014/0611/c2490a38135/page.htm.

中煤建设集团于2010年共同组建的企业学院，目的是适应煤炭建设企业对技术技能人才的急需和中煤建设集团转型发展的需要。根据双方协定，对组建的矿井建设专业班级，教学计划根据人才培养目标和企业需要由校企双方商定，师资配备根据课程设置和企业岗位需要由双方选派，学生完成三年学习后由学校颁发毕业证书，完成四年学习后由校企双方颁发写实性学历证书，学生毕业后到中煤建设集团企业工作，企业全部安排“进编”，同时享受“本科”待遇。中煤建设学院组建后，学生得到了“双主体”资源教育，学生学习目标明确，学习风气、学习态度都有明显提升，学习效果也十分明显，首届20名毕业生中，已有18人获得了南京工业大学（专接本）工程管理专业本科学历、管理学学士学位，10名毕业生光荣地加入了中国共产党，全部选择到中煤建设集团内企业工作。

（2）服务建筑行业的转型提升发展

走进21世纪，国家改革开放的不断深入和国民经济社会的快速发展，呼唤着国家教育体系尤其是高等教育不断加强技术技能人才的供给力。随此，国家加大职业教育布局发展，一批中专院校得以转设升格为高职院校，提升办学层次与内涵，在不断凝聚特色过程中为区域经济和社会发展做出贡献。1999年7月26日，教育部批准同意在原徐州建筑工程学校的基础上，建立徐州建筑职业技术学院，确定为专科层次的全日制高等职业技术学校，由江苏省人民政府管理。9月22日，江苏省教育委员会对学院的专业设置、办学规模等提出办学指导意见，进一步明确学校系专科层次，专业设置要切合区域行业发展需要。自此，学校事业发展开始了新的征程。

办学规模扩张，学校稳定发展。学校升了格，对照新的办学要求、发展标准，首要问题是如何迅速改善提升学校的办学条件。1999年6月23日，教育部高校设置评议委员会专家组在对学校的评议中，基本肯定了学校过去的办学条件与办学能力，“从长远来看，办成一所好的学院还需要很大努力”[①]，必须

① 《江苏建筑职业技术学院校史》编审委员会. 江苏建筑职业技术学院校史：1979—2019[M]. 徐州：中国矿业大学出版社，2019：124.

在师资上有一个大的提高，在教学设备方面总的来看还是不够的，在专业建设方面还不够，等等。

艰难困苦，玉汝于成。面对发展的重大机遇与巨大困难，学院上下团结一心，依旧是迎着困难而上，筹集校内外资源不断推进学校的各项建设。2003 年 11 月，学校西校区开工，学校整个校区达 1 080 亩(合 72 万平方米)，教三楼、体育馆、技术馆等诸多教学楼耸立而起，2014 年，投资超过亿元的学校新地标——新图书馆投入使用，五层共一万余平方米的学习阅读场所，极大丰富了学生日常学习生活资源。新图书馆由中国工程院院士崔恺设计，充分体现了现代新工艺(建筑清水工艺)与传统汉韵的完美结合，成为学校新的地标、新晋网红打卡地。

升格以来，学校办学规模也不断扩大，由升格初期 2000 年 24 个专业、招生 1 848 人，发展到 2020 年 51 个专业、招生 5 300 余人，全日制在校生达 1 400 余人[①]，真正实现了“千亩校园、万人规模”。目前，现代职业教育类型体系逐步完善，高职教育本科层次办学已经呈现，学校事业发展与办学方向又一次面临重大机遇，相信我们建院会再一次把握住发展机会，呈现出更好的发展势态。

内涵建设持续深化发展。中专校时期，学校曾发展成为全国最大的全国重点中专校之一，“煤建校”更是学校在区域和行业发展中特有的名片，这也是我们得以首批升格的重要物质基础。升格发展的道路，不仅是办学规模的扩张，更应是学校办学效益与社会效应的持续提升，赋予“煤建校”名片新的定义与质量内涵。面对职业教育事业发展的新使命新任务，如何让学校成为区域发展的服务基地、行业企业的合作伙伴、学生成长的心灵湾地？

升格之初，面对地处区域发展的洼地，如何突破传统学校教育的物理边界？学校在专业课程建设、人才培养模式以及学校管理体制等内涵建设关键领域加大改革力度，不断提升学校办学实力。尤其是发展前期，面对高职教育规模大跨越发展的关键时期，既要克服办学经费、办学资源的相对严峻形势并保持学校的规模发展，又要积聚力量，深化教育教学改革，以敢为人

① 数据源于学校官网和《江苏建筑职业技术学院校史(1979—2019)》。

先的斗志、勇争一流的豪气和干事创业的底气，努力抓住每一次的发展机遇，才有了学校的不断前进。2005年，学校在教育部高职高专院校人才培养工作水平评估中获得优秀；2006年，学校在江苏省高校党建工作评估中以实实在在的成绩获得了专家组的认可；2007年，学校被定为江苏省6所高水平高职院校之一；2008年，学校获批为国家示范性高职院校建设单位。自此，学校的发展进入了高质量发展的快车道。

经过3年的国家示范性高职院校项目建设，学校的办学实力得到很大的提升，在建筑行业与区域内的知名度有了进一步的提升。但正如升格初期教育部专家组提出的，学校是坚持建筑行业特色的单一发展，还是谋划适合区域经济社会发展的多领域发展？这一条多元化办学内涵发展的道路学校花了近20年时间进行探索积累，在近年来终于有所收获。继被评为江苏省高水平高等职业院校、卓越高等职业院校建设单位后，又被评为国家优质专科高等职业院校，成为中国特色高水平高职学校（A类专业群）建设单位。学校在由一所全国建筑高职名校向全国一流高职名校转变的道路上，建筑行业特色更加显著，同时服务于淮海区域经济发展的现代制造类、服务类、交通类的专业群建设也蔚然成势，学校办学的综合实力也进一步提升。

办学质量赓续提升发展。学校，是集聚培养人才、传承传播文化的高地。大学不仅有大楼，更应有大师。其意在学校不全是知识的传输之地，更是每一名师生在知识传输过程中对文化的创造高地。这需要学校每一代教职员工在潜心育人、润物无声中接续奋斗，更是特定地理环境下形成的日常行为规范与办学目标追求，体现为学校事业与人才培养的高质量发展。

从汉皇陋室到文沃泽地，初创者们凭着"抗大"精神，以基建工程兵特有的吃苦耐劳、不怕牺牲的军人精神，铸造了学校文脉里的军校因子，也深深镌刻于我们建院生活的日常，每日里的晨哨晚号，都是在时光流年里诉说着那段如歌岁月，易逝芳华里永不褪去的则是奋斗的青春底色。因煤而起、缘煤而兴，伴随着改革开放、煤海沉浮，一代一代人的持续努力、不断奉献，铺就着学校事业发展不同的高光时刻，在服务社会发展中创造着建院学子的成长故事与优秀风采，正如那百米之下掘进不止的师傅们，在挥汗不止、千锤万击中，给我们日常生活带来了光与热，也亦如那深藏于地下的黑金，在光热中奉献。也正是这样一种拼搏奉献的精神传承,“校兴我荣、校衰我耻、勇于创新、敢为人先、敬业尽职、求真务实”,激励着全校师生员工,推动着学校逐步进入良好的发展轨道。

升格的成功,不仅是建院人的奋斗积累的成就辉煌,更是学校再次起航谋求更高质量发展的开始。教育是百年大计、国之大计、党之大计。教育,同样也是建筑人生,质量同为根本。从长期服务于煤炭行业建设发展成功转型为培养建筑“铁军”人才的高职名校,在这20年里,如果说我们最大的体会是什么,答案只会有一个,那就是只有不停下创新的脚步,只有不停下对质量的追求,才会有不停止的发展,才会有不断的收获。升格之初,面对地处苏北的区位劣势,靠的是我们爬坡过坎、努力奋斗,在技能人才培养模式和专业课程建设方式上不断改革创新,深耕于淮海区域经济和服务建设行业发展,成功实现了区位劣势到区域优势的转变。学校首次争创国家示范性高职院校失利的那年暑假,在所有教职工心头,都投射下了浓重的阴影。为什么会失利?失利的原因在哪里?对失利的追问反而激发了全校上下再出发的精神力量,化悲痛为力量,变压力为动力,对标对表,经过一年的再准备,学校成功跻身百所国家示范性高职院校行列,并以实实在在的建设成果,树立了建设高职院校发展的标杆。对发展质量的不懈追求、对发展创新的不停实践,正是这种薪火不息的文化执念,是学校不断发展的精神根源。当下,学校正开启“十四五”规划、推进“双高”建设,高职教育又迎来类型层次发展的政策窗口,发展际遇交相叠加,这更需要我们以更深层度的思想解放、更大层面的文化统合、更高层次的精神凝聚,正视发展中的不足,突破发展中的困境,坚持产教融合、校企合作的职教发展基本途径,继续寻求学校特色发展、转型提升道路的新方向。

第二节　校本特色文化的内涵分析

正如一代有一代之风华,学校在办学的不同时期,也形成了各有特色的阶段性院校特色文化,成为人才培养的重要精神资源,也积累成学校发展过程中重要的文化遗产。无论是中专校时期,还是高职院校时期,不同发展阶段的校本文化会连缀成横亘学校发展的历史文化脉络。学校40余年的发展，形成了时间较短的军校时期、中专校时期以及高职院校时期不同的文化面貌与特征，这也是学校办学的重要文化遗产。而对不同时期凝聚形成的特色文化内涵的分析释义，是学校文化建设的根源与内在要求。这里，笔者撷取中专校时期的煤炭文化以及高职院校时期的建筑文化逐一加以释义分析。

1. 煤炭文化

中专校时期，学校长期服务于煤炭建设行业，学校发展规模与办学水平达到了当时全国中专校的一流水平，也逐渐孕育凝铸成具有煤炭资源一般的"煤建校"文化品牌。这种源煤而形、缘煤而兴、因煤而转的办学历史和精神传承，便是学校办学重要的文化遗产——煤炭文化。这种精神价值与社会影响力在长期的办学传统中逐步积淀、凝聚而成，同样也会随着时间和空间的不断延续，逐渐发展成为一种巨大的精神力量，通过制度规章、心理行为、物质环境等文化因子，影响着学校的办学过程，影响着学生的成长历程。同样，在这种办学过程中所形成的传统文化也是激励学生日后成长的精神因子，更是维系校友与学校精神的文化桥梁，是校友反哺学校发展、激励学子成长的重要资源。

煤炭文化不仅是我校当时办学过程形成的历史文化遗产，也是在与煤炭行业休戚与共、共同发展中形成的。随着新能源、新技术、新材料的不断丰富发展，煤炭资源或者传统煤炭行业将逐步衰退，煤炭资源的物质属性正在消退，但煤炭除了作为一种能源体现出具有物的价值和有形资产外，还应包括作为一定时期人类劳动的对象所体现出的文化历史价值和无形资产。煤炭的物质价值将越来越低，但文化历史价值会越来越显现，这也是煤炭资源潜在的优势[①]。同样，新时代下对煤炭文化内涵的挖掘、精神文化价值的凝聚，对于我们正确对待办学历史传统、丰富充实学校文化内涵、持续提升学校办学效益有着重要的意义。其内涵意义可以分析为如下几点：

(1) 煤炭文化，首要内涵是具有"燃烧自己、照亮千家"的奉献精神

这不仅是煤炭资源的物质属性显现，更是煤炭行业、煤炭教育应有的职

---

① 王洋. 媒介与煤炭文化[J]. 中国记者，2001(1)：56.

业追求。新中国成立以来，煤炭大省山西省累计产煤120亿吨，约占全国总量的四分之一，用火车装载排起来可以绕地球三圈，有力支撑了全国经济发展，也积累了厚重的精神文化财富。走进21世纪，山西大力推进煤炭资源整合，塑造产业新形象，提出文化强煤，挖掘提炼出16字的“山西煤炭精神”，敬业奉献是其核心内涵之一[①]。煤炭工人在几百米乃至上千米的地下，开采的是煤炭，奉献的是光明，因此煤炭文化的精髓是奉献精神。奉献精神是一种信念、一种态度，更是一种行动。全体师生员工秉承煤炭人的奉献、敬业与特别能战斗精神，铸就了江苏建院校园文化特有的默默无闻、扎根本职的“奉献精神”[②]。

这种奉献精神，是厚植于初创时期每一名干部职工的奋斗之中。建校伊始，无论是沛县校址的修建，还是徐州校区的开拓，每一间教舍的拔起、每一片场地的平整，都凝聚着军校初创人员的汗水和心血，为的是尽快尽早地为急缺人才的煤炭事业培养优秀人才。这种奉献精神，是深耕于煤炭职教事业的每一位煤建校人的执着。中专校时期，朝着建设一流煤炭职教中专、培养一流技术人才的目标，我们立足行业、艰苦办学，默默地为行业发展输送了10 821[③]名学子，从天涯海角到白山黑水、从齐鲁大地到世界高原，都遍布着奋斗青春的煤建校校友。而生活里的细微关怀、课堂上的精心讲解，都是对默默奉献、潜心育人的最平凡却又最伟大的注解与践行。“是母校奠定了我的专业基础。而毕业后初入社会，煤矿艰苦复杂的特殊环境也让我有些望而却步，是母校和校友们的激励，让我有了干实事的底气、闯难关的胆气和争先锋的勇气。”“我们学校的老师讲课的水准真挺高，特别是高等数学、材料力学和英语，每堂课都讲得生动透彻，令我印象深刻至今难忘，对刚刚离开家乡，改变学习环境的我，帮助太大了。”“煤建校的老师教学态度非常严谨，连教室和宿舍的卫生要求都非常严格。老师们不但教会我如何学

---

① https://baike.baidu.com/item/山西煤炭精神/2822729.

② 孙进院长寄语新生传承弘扬“三个文化”[N].江苏建筑职业技术学院报，2015-10-27(2).

③ 《徐州建筑职业技术学院校史(1979—2009)》附录七“中专校部分”，中国矿业大学出版社2009年。

习，也教会我如何面对生活。校园处处充满了正能量。这些影响我到现在。”①

为了更好地满足煤炭行业的人才急切需求，学校从撤改初期的3个专业不足300人，发展到升格前38个专业6 700人，为煤炭行业与区域发展培养了1万余名优秀的各类技能人才；同时还充分发挥行业办校的特色优势，开办煤炭行业职工培训班、中等师范教育等，服务煤炭行业人才技能提升、基础教育水平提升。孙利亚校友便是从职工班走出来的优秀学子代表。在事业有成之后，他先后捐资120万元建成利亚楼、文化长廊等基础设施。

奉献精神是支撑煤炭事业不断进步、社会不断发展的时代底色，也是煤炭技术技能人才的职业品德。无论是计划经济时代学生培养的统招统分，还是市场经济时代人才培养的双向选择，都应坚定学生的职业理想与职业操守，服务于国家发展的需要，到祖国需要的地方建功立业，扎根工作岗位奋斗奉献。曾有矿井建设专业校友寄语在校生“三个不后悔”——上煤建校不后悔、上矿建专业不后悔、干煤矿生产不后悔②，要让“东家”满意，使“上帝”舒心③。

（2）煤炭文化，蕴含着“立足岗位、甘于吃苦”的思想

“但愿苍生俱饱暖，不辞辛苦出山林”，诗人于谦写出了古代煤炭工人的辛苦与朴素情怀。新中国成立前煤炭工人肩推手扛，为果腹而不辞辛苦与危险，深受矿主剥削。长期以来，我国煤炭工人在传统方式下生产，以劳动者的主人翁精神，为国家经济建设作出艰辛努力。我校因煤建校，形成了服务煤炭建设行业的办学特色。也正是这种艰苦奋斗的行业精神与踏实作风，激励着全校师生员工在改制的初期建设中，发扬军校优良传统和艰苦创业精神，在基本建设、师资队伍、校园环境等方面迅速形成规模，为学校事业迅速得到跨越式发展奠定了坚实的物质基础。这种甘于吃苦的品质，既是源于行业办学的要求，为煤炭行业培养技术技能人才，也是源于中专校时期师生员工立足岗位，对一流办学水平、一流人才培养的追求，“全体教职工牢

① 母校，我想对您说……[N]. 江苏建筑职业技术学院报，2019-10-15(4).

② http://kjx.jsviat.edu.cn/2010/0701/c3946a55741/page.htm.

③ http://hd.wenming.cn/ddmf/201208/t20120804_304648.html.

固树立了学校光荣我光荣，我为学校争光荣，我靠学校生存，学校靠我振兴，样样工作争一流的主人翁意识”①，遇到困难绝不退缩，坚持从学校实际出发，勇于争先进，坚持一张蓝图干到底。这是学校实现跨越式发展、增强办学实力的重要基础。

这种吃苦思想，是蕴含在学校几次改制易名发展背后的基因密码。无论是军校初创时期全校教指战员发扬抗大精神，宿于几间失修许久的房屋，在双山东麓、文沃村西，平沟整渠、夯基垒台，建队立制，开始煤炭建筑人才培养；还是伴随着煤炭行业发展的浮沉，煤建校人立足行业办校、特色兴校，努力拓展办学服务面向、培育形成新的办学特色；抑或是进入21世纪，面对职教迅猛发展形势，建院人以艰苦奋斗的精神、坚毅求进的决心，负重爬坡，在学校不断发展中凝聚形成推进学校发展的强大文化力。学校教育，本质属性是为国家的建设服务，是文化的传播、传输和传承。对于职业院校而言，面对艰苦行业办学，要特色立校、人才强校、文化兴校，这种艰苦奋斗的思想意识，应通过技能文化的教育传授，成为人才培养、学生成长的职业底色。

在专业教学与实践锻炼中，突出岗位技能培养和职业能力培养，遵循“有利于综合素质提高、有利于职业能力培养、有利于符合教育规律”三原则，力求“真刀真枪”，紧紧切合煤炭建筑生产真实情境，在课程设计、实习实训、毕业设计等技能形成的关键环节，把学习过程搬到煤矿建井施工现场，融入煤炭建筑项目设计，使学生参与到有关煤矿单位的财务管理中等。正是在这种真实的职业环境中，学生的技能实践能力、吃苦耐劳品质等得到了锻炼与提升。20世纪90年代中期，学校进入大建设、大发展的跨越式发展阶段。土建学科等专业在科室主任、专业老师的带领下，也积极参与到学校的建设中。“(19)96、(19)97年，学校再一次扩招，教学与活动场地资源都严重不足。正好当时学校西边的地是空的，经过学校批准，当时我们就带着学生一起做设计，一起带着施工，先是盖起了土建学科的两层楼。建材实验室东边是一片坡地，我们就带着学生倒树拔草、平整场地，硬是给铺出了灯光

---

① 摘自1996年学校工作总结。

球场。当时正是暑假前后，天比较热。但是我们的老师、学生都坚持下来了。设计图纸、放样施工，都是我们老师学生一块儿做，当时的学生真是比较能吃苦的。”[①]

这种思想的培育，不仅渗透在专业教学实践中，更是融入学生日常生活，让学生在严格的教学管理与思想政治工作中成长。中专校时期，学生多是未成年人。学校深化学生教育管理体系改革，推行二级管理体制，突出各学科对学生的教育管理作用，推进三全育人，规范学生社团阵地，加强学生自我教育。秉承军校遗风，实施军事化管理，注重日常文明养成，提出“四个五”（五个文明、五个讲、纪律五不准、卫生五不准），严格校园日常行为规范。积极丰富第二课堂活动，学生社团最多时达到24个。如军风俱乐部，曾获全国高校百佳学生社团；红太阳爱心社、晨曦社等社团持续接力20余年，现在依然活跃在学生中间。

（3）煤炭文化，体现为“孜孜以求、不断进取”的创新思想

“纵观人类发展历史，创新始终是推动一个国家、一个民族向前发展的重要力量，也是推动整个人类社会向前发展的重要力量”[②]。以煤炭为代表的化石能源推进生产走进蒸汽时代，人类走进工业社会。煤炭工业从最初的人工采煤，逐步发展到机械化，不断进行创新，现今借助第四次科技革命，进行现代智能化开采，不仅实现了煤炭生产的现代化革命，同时也促进了煤炭全产业链的转型升级。唯改革方能前进，唯创新才有发展。学校正是在勇追一流的办学道路上，在1994年建成全国重点中专校，在20世纪90年代中期实现了三次规模发展的跨越，成为全国最大中专校之一。唯有创新发展，唯有深化改革，才是学校求生存、求发展的根本出路。改革是解决发展中遇到问题的唯一出路。不论什么问题，只要开动脑筋，解放思想，就总能找到合适的解决办法[③]。

学校应改革风雷而立，在16年中专校史、40多年办学历程中取得了诸多成绩，这也是一幅由小到大、由弱到强的创新发展图谱，也充分体现了历

---

① 2022年3月7日，笔者根据当时亲历者口述记录。

② 《习近平总书记在中央财经领导小组第七次会议上的讲话》(2014年8月18日)。

③ 摘自1995年学校工作总结。

届建院人励精图治、开拓进取的风气。“团结拼搏、开拓创新”“我靠学校生存，学校靠我振兴，学校光荣我光荣，我为学校争光荣”，凝聚成推动学校事业发展的精神力量。中专校时“团结、勤奋、求实、创新”八字校训现在依然镌刻在教一楼东侧，更是历届煤建校校友返校打卡的必选之地。一批批未更事少年，来自四面八方，在这里汲取知识营养，练成一技之长；正在风华正茂的年纪，从这里走向五湖四海，在各自岗位上建功立业。

这种思想，表现在学校的办学理念与办学思路上。在历年的办学实践中，学校结合行业和教育发展形势，明确办学定位，创新发展思路，不断调整奋斗目标，形成了“自加压力、负重奋进，样样工作争一流”的煤建校精神。在“七五”期间，学校充分调动并尊重教职工的积极性、创造性，挖掘潜力，充实内涵，以努力逐步把学校办成具有特色的煤炭系统一流水平的中等专业学校，更好地服务煤炭工业为奋斗目标。“八五”期间，在通过多种形式满足煤炭生产建设人才需求的同时，强调要办好以建筑专业为龙头的主干专业，“抢抓发展机遇，全面深化改革，实现跨越式发展”。“九五”时期，充分发挥国家重点中专的骨干、示范作用，加快学校的建设、改革与发展，为国家经济建设培养更多更好的实用型人才，争创在校生规模最大，办学条件、办学水平、教育质量、社会效益全国一流的综合性中等专业学校，力争成为高职学院。这种勇争一流的精神追求，要求历代建院人不断创新进取，追求事业持续高质量发展。进入 21 世纪，在实现高职办学目标之后，全校上下又经历了高职教育大洗牌，院校竞争更加激烈，如何继续以改革的思维、创新的举措维护学校发展的优势？“必须坚持发展不动摇。随着职业教育逐渐市场化，学校要在激烈的市场竞争中立于不败之地，就必须懂得适者生存强者胜的道理，坚持发展不动摇，抢抓机遇，发展自己，壮大自己。”[①]

这种思想，既需要管理理念与制度文化的保障，同时也是推动管理体制改革的思想动力。管理体制的改革创新体现在前后相联系的两个过程中。军地交接之后，学校致力于管理体制改革、师资队伍和学校基本建设。20 世纪 90 年代初，社会主义市场经济体制改革不断深入，学校进一步深化学校管

① 摘自学校 1997 年工作总结。

理体制和运行机制改革，在人事管理、绩效分配、后勤运行、招生分配等方面完善综合配套改革。随着改革的不断深入，市场意识在办学过程中的作用更加凸显，改革重点逐步转移到教学领域。学校学习借鉴先进职教理论，引入职业能力本位教育理念，探索 DACUM(Developing a Curriculum，教学计划开发)教学改革，教育质量得到全面提升，学生综合素养得到提升。面对发展机遇与挑战，如何不断以创新的思想与方式深化管理体制改革、优化制度文化建设，推进教学方式方法的更新，这既是学校创新发展的经验，更是重要的推进器与稳定剂。

(4) 煤炭文化，展现了"业精于勤、技尽其用"的卓越品质

煤炭行业绿色转型，缘于煤炭产业发展的进取精神，更是缘于煤炭人对发展的卓越追求，以精进的态度、精益的追求、精湛的技术推进结构调整、产业转型和生态发展。而煤炭产业由传统向现代转型过程中，也暴露出技术人才严重不足的问题。这既是以服务煤炭发展为特色的院校的责任，更是服务国家经济社会建设的院校的教育使命。面对煤炭建设行业技术人才急缺，改制初始，学校抓紧推进基本建设，积极调研煤炭建设行业和地方发展需求，动态调整专业设置和办学方向，切合行业人才需要开展各类培训与人才培养，也以优质的教学水平和高质量的人才培养实现了学校的一个个发展目标，树立起良好的行业口碑与社会声誉。"大名鼎鼎就是财富"，"必须改革一切同社会主义现代化不相适应的教育思想、教学内容、教学方法和教学制度，努力提高教学质量；衡量学校工作和各项改革的成效，最终标准是所培养人才的数量和质量"①。

卓越品质的塑造源于学校事业不断取得发展的层累积淀。经过前期的平稳建设，20 世纪 90 年代，学校事业发展进入快车道：1991 年，江苏省中专学校合格评估 A 级；1992 年，江苏省中专学校办学水平评估优秀、名列前茅；1993 年，江苏省教委进行办学水平复评和选优评估，高水平通过；1994 年，江苏省中专学校教学管理评估免评，被评为全国重点中专学校；1995 年，徐州中专校学生、后勤管理规范评估总分第一。1990 年至 1995 年 6 年间，

① 摘自 1986 年学校首届教代会上的讲话。

年年有评估，次次好成绩。这段时期，学校办学规模连续跨越式发展：1994年在校生2 236人，1995年增至3 282人，1996年跃至5 222人，1997年6 771人、达到本校中专历史的最高峰，1998年、1999年稳定在6 500人以上。

这种卓越品质来源于学校对一流水平的不懈追求，对“教育质量、办学条件、校办产业、教职工福利”“四个一流”的追求，对“争创全国一流的综合性中等专业学校”的追求，对“力争办成高职”的追求。我们在立足行业办学，做好煤炭建设专业特色时，拓展服务领域，培育形成服务建筑行业的新特色，努力融入区域经济发展，这为日后建筑专业品牌的建立打下了良好基础。为了支撑办学规模的高质量发展，学校挖潜增效，不断优化办学条件，丰富校园环境，打造花园式绿色校园，建成全国最大中专校之一，也为学生成长、学校跨越式发展提供了一个良好的办学环境。

正是在默默奉献、甘于吃苦、不断创新和追求卓越中，我们形成了煤建校的优良口碑，形成了有特色内涵的煤炭文化。这既是我们中专校办学历史的积淀，更是我们当下学校制订“双高计划”，实施学校新一轮特色发展、跨越式发展、高位发展的文化动力。“学校只有办出自己的特色，形成自己的专业优势和师资优势，才能增强生存能力。一所学校培养出良好的学风和校风显得尤为重要。人要有一点精神，学校也要有一点精神，有好的学风和校风，带出一支好的教职工队伍，才能培养出好的学生。这是一项艰巨的任务，需要长期不懈的努力。”①

2. 建筑文化

文化，犹如一眼清泉，在师者的传道授业解惑中，去浸润滋养学生的心灵。这种浸润，是无声之雨、一夜东风，滴露于师生每日的工作学习中，化雨于学生日常成长与技能形成里。这种浸润的力量，来自学校不同发展阶段特色文化的凝聚，来自教育教学过程中对高质量人才培养的追求，来自历届战斗于各条战线各个岗位的优秀校友资源的集聚。新世纪以来，学校在探索高职教育改革发展的道路上，倾力推进转型升级发展，在服务区域行业发

① 摘自学校1993年工作总结。

展的道路上，逐步积累形成了服务于建筑行业发展的办学特色，全国建设类高职名校的文化品牌效应与人才质量也赢得了行业认可和区域认同，这才是我们不断丰富发展的学校文化内涵的真正价值。

(1) 建筑文化，是源于办学历史的传承发展

凡是过往，皆为序章。文化的发展是层积的，正如校史展一角里的老式放映机，在放映着流年光影中静静记录着学校的变化与发展。军校时期的铁军风骨、煤建校时期的奉献情怀，已然是徐州建院逆势发展的基因密码，更是江苏建院砥砺卓越的精神源头。正如学校地处双山、牛头山之间，两山之线正是学校东西新老校区的脊梁线，曾有人喻说，“两山架一梁，不出皇帝出丞相”，寓指学校培养的学生将会是社会有用之才。回首来看，也正是军校时期、煤建校时期所形成的特色文化因子，一如坚山磐石般的基础，传承创新形成了学校鲜明的办学特色，为社会发展、行业建设培养了大量有用的技术栋梁。

学校作为一级亚文化组织，在形成发展过程中，有着独特的文化生态圈层，在自身优质文化基因遗传和对外部优秀文化因子同化的过程中，逐步形成体现学校特色的文化特质，体现在学校里的一草一木里。时值深秋，一夜秋雨，打落的是经年里两排法国梧桐的旧叶，吹起的却是平日里散落于林荫道下的秋思。正是秋风对叶的婆娑，是那巧娘手里的梭子、石匠掌下的斧凿，锦织成学生对母校的依恋，镌刻成深深的文化眷念。

在这种新陈代谢式的文化发展过程中，也会呈现出文化的冲突与协调、保守与创新。例如，如何对待学校办学过程中那些老的文化印迹？对于老一代的建院职工或者早些年毕业的校友而言，东操场是青春的印迹，东大门内侧广场更是学校的典型象征。时过境迁，这些建筑是否适合新时期学校发展的形象？东操场是维修还是拆除？东广场是否要改造？在相当长的一段时间内有着不同声音与相左意见。那些学校初创时留下的“老物件”，代表着一种历史的见证与传承；但这些“老物件”是一个旧的时期的代表，与学校在新时期的发展不相称。几番争锋后，学校终下决策，拆除改造东操场、东广场，东校区核心地带以崭新容颜在 2019 年省职教活动周开幕式上迎来八方宾朋。当然，那座代表学校风华正茂的时代精神丰碑依然伫立，是毕业

学子返校追寻记忆打卡地。

文化传承与创新，是高校的基本功能。作为一种独特的亚文化圈层，学校与圈外保持着文化信息的交流交融，引入区域优秀传统文化和红色文化因子，并将其融入技能人才培养过程，提升人才综合素养，涵养厚植学生成长的文化沃野。徐州作为汉文化之源，有着浓厚的汉风余韵。在办学过程中，学校充分引入优秀传统文化与区域文化因子，把礼的文化融入学生成长的环节里，以礼寓射、以射观德，建成中国第一所高校礼射文化展览馆，建成中国高校第一个专业级别的礼射场，以静态流淌的方式倾诉着历史长河的变迁。同样，礼射技艺也充分融入培训学生的环节里，如组队打比赛、开设公选职业素养课、学习有关课程、建立相应社团等，不断丰富校园文化气息。学校大学生射艺队曾在2015年全国大学生射箭(射艺)邀请赛上战胜内蒙古地区的代表队伍，拔得头筹。也正是这次比赛，学校射艺技术传承引起了清华大学中国礼学研究中心的关注。此后，清华大学中国礼学研究中心主任彭林教授来校讲学，学校与清华大学联合承办首届礼射国际学术研讨会，央视五套两次宣传报道学校礼射文化传承传播的活动，学校承办2019年中国大学生射箭(射艺)锦标赛，获评为全国高等职业院校体育工作“一校一品”示范基地等。在与传统礼射文化的融合创新中，校园文化正呈现出多彩姿态，成为在校学生提升综合素养、学校提升人才培养质量的重要渠道与方式。

(2) 建筑文化，是追求人才培养的卓越质量

教育是面向未来的生活。因此，学校教育的首要基本任务应当是人的培养，为学生的成长和适应未来的社会生活提供帮助。这里面，就高等教育而言，一直存在着两种培养目标的冲突与此消彼长，直接影响着教育决策和学生成长的方向。究竟是全人教育，侧重于社会化，通过教育培养适应未来社会的人，还是专科教育，侧重于技术化，通过教育培养适应现代市场的人？对这一问题的回答，始终带有时代的记忆与历史的冲突。无论过去、现在还是将来，抑或是西方国家还是东方中国，都面临着这一教育之问的考量。

职业教育在自身发展过程中也存在着这一争论。从理性功利主义来说，职业教育是为学生顺利走进社会而教育，因此，培养适应社会的核心能

力是教育的主要目标；从狭隘功利主义来讲，职业教育则应是基于工作过程面对职业岗位开展，培养适应岗位的职业技能则应是教育的主要目标。学校是一所建筑特色高职院校，在特色文化的孕育下，对人才培养的目的与方式也呈现出这一教育目标的争论与变化。但不管是哪种教育目标占主导地位，对人才培养“质量第一”的追求则始终如一，这也是历年来学校办学不断取得新成绩的重要原因。

学校升格之初，面临着如何突破原有办学惯性束缚、积累打造新的办学特色，再次创造技能人才高地，塑造社会市场口碑，赋予发展新动能，打破区位发展劣势，学校提出了“特色兴校、人才强校、质量立校”的办学理念，把培养质量作为学校的生命线，以培养“用得上、吃得苦、留得下”的生产管理服务一线的高质量生产者。随着学校特色逐渐彰显，培养的人才质量逐渐在建筑行业以及以徐州为中心的淮海区域形成了好口碑，在2005年教育部组织的高职高专院校人才培养工作水平评估中获得了优秀等级。

提升人才培养质量一直是学校历届办学者努力探索的目标。伴随着我国人口的结构性调整，近年来高职教育遭遇了生源萎缩的寒流。在数年萧瑟寒流中，能够努力维护学校招生与办学规模，已经实属不易。曾有学者说过，高职教育的发展奠定了高等教育普及化的物质基础，也为很多农村家庭培养出了第一代大学生。因此，把招进来的学生教育好、培养好，不仅是培养对社会有用的劳动力，更是关系着一个家庭未来的希望。面对多样性生源的学情差异，学校持续开展人才培养模式改革，探索“分层教学、分类培养”，建筑工程技术专业更是开展“一年三学期”工学交替的培养方式，在核心课程考核上侧重于专业技能实操考核，实行课程常态化考核。这些从面到点培养方式的改革，最终目标依然是着力追求高质量的人才培养，学校也先后获得了国家级教学成果奖一等奖、江苏省教学成果奖一等奖等多项奖励。

目前职业教育人才培养质量评价强调工作过程导向的岗位技能习得的评价，其正由传统的学校内部评价向校企合作、企业主导的外部评价转变。这种评价适应了职业市场狭隘的功利性应用。但根据第三方机构麦可思的跟踪调查结果，市场对高职人才最关注的却是包含听说读写在内的沟通与交往等综合素养，相反院校非常看重的技能培养质量反而退居次位。或许，这也正反映了许多年来职业教育价值的钟摆，在实践中对职业教育定位的模糊。麦可思的调查结果说明，对教育质量的追求，也越来越倾向于教育的本义，面对社会，为生活而教。其实，这又回到了前面提到的教育之问。近年来，学校逐步推进加强校园文化建设，旨在以立德树人根本任务为指导，通过立体式一体化的学校文化建设，将物质环境、行为规范、社团活动以及课程落实等，融入人才培养过程中，提升学生技能水平和综合素养。

(3) 建筑文化，是实现办学理想的不断探索

文化建设，是一种有情怀、有实践、有理想的事业。从事职业教育，本身就离不开理想情怀的文化建设与精神财富的积累传递。德国现代职教奠基人凯兴斯泰纳曾讲过，“文化财富发挥其教育价值，而且势在必行。它几乎同思想过程同时产生并立即将这种思想过程的教育能量就势储存起来，直至出现相应的思想，然后经过创造性劳动，即文化财富的同化过程，将这种位能转换成他个人的动能”①。作为服务于建筑行业发展的特色院校，应在时代的发展中，准确定位学校发展方向，在专业文化传输过程中，不断追求学校事业的跨越式发展，孕育新的专业特色增长点，为区域经济社会建设贡献更多有用人才。

院校特色文化是在院校发展实践中形成的。这种实践是院校办学理念的实践，也是院校办学成果的逐步积累，最直观地体现为学校物质环境文化的沉淀浸润。以笔者所在院校为例，学校地处两座小山峰之间。两山之东为老校区，之西为新校区。以两山之梁为界，东校区镌刻着学校办学历史的记忆：“风华正茂”(群像雕)的青年男女，葡萄藤廊下的每日晨读、法国梧桐林荫里的每日匆匆，他们已经成为各条建设战线上的中坚力量。西校区镌写着事业的发展进步：2003 年西校区开工奠基，千亩校园、万人规模的建设步伐不断加快，教三楼、体育馆、图书馆、技术馆、科技园等先后建成并投入使用，承载着建院人办学理念的物质基础越来越厚实。物质环境是无言的教师，转角之间、投足之际，都应浸润着育人的初心。学生食堂，浸润着学校

① 凯兴斯泰纳. 凯兴斯泰纳教育论著选[M]. 2 版. 北京：人民教育出版社，2003.

“三个文化”——区域传统文化、地方红色文化、淮海战役精神等；教一、教二楼，智慧信息时代的知识与技能、线上和线下、教与学在这里交汇融通，走在通道里、拾级而上时，无一不体现着社会主义核心价值观的引领，包含着企业文化、行业元素、校友因子多主体的交融育人。

办学理念的践行、文化财富的积累，离不开师生日常良好行为的养成，其中最重要的是学生的职业素养。作为主要服务于建筑行业的技能人才培养的特色院校，要让自己的学生上了工地、到了项目一线，能“吃得了苦、留得下来、用得上去”，而良好的职业素养需要长时期的熏陶积淀。不怕吃苦的军校精神留存在我们生活中，更体现于学生的成长中。笔者曾参与筹划学校建校30周年系列庆祝活动，有许多年过半百的校友返校后，会顺着当年在校生活的轨迹，回忆起当年在校的学习生活，依然被任课老师的负责认真所感动。正是这一支薪火相传的业师队伍，传道授业解惑，启发引领学生成长成才。基于学生基本行为养成，实施大学生文明素养工程，把日常生活中的点滴量化成分、质化为行，督导学生向真而去、奔善而行，汇涓成文明大流，也涌现出诸多优秀的典型。如最后献出多个器官、向大爱而生的第十三届中国大学生年度人物特别奖获得者张震鸣同学[①]；有责任心、有爱心的江苏省大学生年度人物入围者李昂锦同学[②]；等等。为了让学生掌握更多的职业技能，提升综合素养，学校搭建了职业技能竞赛、创新创业大赛、学生社团阵地等多平台多体系的技能素养提升渠道。如学校和企业联合举办的“金工杯”“正太杯”“水立方杯”“龙湖杯”等各类专业技能大赛都成为学生们一展绝技的舞台，科技文化节、新生节等也成为各路艺术特长人才崭露头角的竞技场，射艺队、龙狮队、管乐团等众多社团则是学生们发展特性的天地。

办学理念的践行、文化财富的积累，最终体现为建院精神财富的集聚。这可以是一首建院的歌，可以是一篇建院的故事，也可以是一句属于建院的话语，但直白的话语里浓缩着建院师生的精神。这是建筑文化最深层、最核

① 小哥，走好！向张震鸣同学致敬[EB/OL].(2017-12-19)[2022-10-15]. https://mp.weixin.qq.com/s/vmH1Ozt0k9bMWg-tOiK9pQ.

② 《扬子晚报》报道我院建工17-5班学子李昂锦英勇救人事迹[EB/OL].(2019-01-25)[2022-03-15]. http://tmxy.jsjzi.edu.cn/2019/0125/c1098a83135/page.htm.

心的价值，体现在师生日常学习工作中，反映着建院人对人才培养质量、学校发展质量深深的执着追求。“立德树人，戎装工帽写华章”，“学而执业，创新图强。筑万千广厦通衢桥梁，磐石金汤鲁班梦想，报我师恩慰吾高堂，安身立命兴我家邦”，既吟诵出了汉彭古韵的大风气象，更咏唱出历届建院学子的求学志向与报国强志。校训“厚生尚能”，蕴含在学生培养中，教导学生由己及人达社会、修身至家到国的多重含义：一是厚植学生在建院成长的文化基础，改善提升各类教学条件，让学生在建院这片知识海洋里安心求学；二是深耕区域行业发展，使专业课程建设与学生未来职业相链接，让学生谋得一技之能安居乐业；三是鼓励学生融入国家社会发展大势，把个人成长写在祖国建设大地上，让学生在践行公民精神中得以安身立命。无论是校训校风校歌，还是章程规章制度，无不蕴含了对办学条件的建设、对办学行为的规范以及对办学质量的追求。当然，这些精神价值的追求在学校不同的发展阶段有着不同的表现，一时有一时之风，但其风骨当是一脉相承、源远流长的。

(4) 建筑文化，是承担职教使命的不懈追求

建筑文化主要是学校高职教育时期凝聚而成的院校特色文化，除了普遍意义上的文化教育价值以外，职业教育特色因子也是学校建筑文化的涵和本质。正如前文所述，教育的功利价值有着理性与狭隘之分。无论是着眼未来的生活，还是着眼当下的职业，都应是职业教育的应有之义，这种能力，就是现在学界经常讲到的职业迁移能力。但这里有个关键点，那就是职业能力迁移发生的场域。这也可以从不同的角度来理解。职业能力的形成与迁移，某种时候可以理解为技能的形成，这不仅包括职业教育，也包括职业培训。技能成本分担机制的不同也形成了国家主义、市场主义以及社会合作主义等不同类型。换句话讲，正是基于对迁移场域的不同理解，对职业教育也形成了不同的看法。有人认为这应当是国家和学校的责任，由国家和学校提供适应市场需要的不同类型技能人才；有人认为这是基于职业岗位的适应性教育，企业作为人才的主要使用方，只有提前介入人才培养过程，才能提升人才培养的针对性。说实话，从目前国内职业教育实践来看，仍以院校为主要责任人，与市场上的企业之间仍未形成一般性可信承诺，校

企“双主体”育人仍是政策用语、学界话语或者个别细语。

文化犹如一眼汪泉，只有源源不断，才会泽被后生，滋育新人。而这育人的活力，源于学校对高职教育的不断探索，对建筑文化的不断凝铸。升格以来，在事关学校发展重大机遇的每一个政策窗口，凭借着全体师生员工的共同努力，学校不断取得新的办学成效，作为建筑类高职名校的社会效应也得到了很大的提升，综合实力在各类专科院校排行榜上都有较好的位次。特色文化的形成，既需要学校围绕学生成长综合发力，也需要在特点亮点上持续深耕。如联系央企在深度服务企业的专业上开展四年制高职教育的“破冰”之举、依托江苏高校协同创新中心平台联合名校特企实施贯通式技术技能人才培养的模式探究、扎根淮海区域深化徐工合作形成现代智造等多元发展格局等，这些都是学校在做强特色、做新亮点、打造文化新增长点中的突破性做法。同样，围绕学生成长与综合素养，立体推进文化育人工作，把立德树人根本任务落到实处，把学校“三个文化”校本文化教育纳入人才培养各环节，这些都是学校在新时代对高职教育的探索。“职教 20 条”再次为职业教育新发展注入了强大的政策动力与资源集聚优势。面对高职教育发展的大变局，是快道超车、弯道超车还是借道超车，对于每一所高职院校而言，必须而且必然做出选择与行动。

第三节　建好校本文化，增强家校认同

文化传承与创新是高校的基本功能，在技术技能人才培养过程中追求全人教育，更应是高职教育追求的教育目标。但在高职教育实践中，这一应然目标却受到了激烈的市场冲击，形成了狭隘的文化功利思想与行为。面对第三次工业革命和下一代互联网技术大潮的冲击，《中国制造 2025》的实施，不仅需要高端产业、产业高端的发展，更需要以制造业为代表的实体产业的基础转型。为产业转型升级提供大量的一线技能人才是职业教育的使命与责任，也是应对当前长期存在的用工荒的有效途径。我国以学校教育作为技能人才培养的主要渠道，在职业教育过程中融合学校文化与职业文化而形成学校特有的校本文化，在继承中创新，在传承中创造，在人才培养过程中

形成特有的学校文化自觉，不仅是学校高质量发展的目标，更应是学校高质量发展的内容，是办人民满意的高职教育的重要因素，更是学校事业发展道路上克服各种风险挑战的重要力量源泉。因此，加强高职院校文化建设：

1. 客观切合社会经济发展趋势

“每一种形式的发展都必须从文化出发，并从文化方面找到它的最终意义。”[①]教育的本义是让人更好地生活，对生活的追求背后凝聚着深厚的文化传统，这些渗透到日常生活中，影响着人们的行为和选择，也影响着本民族教育的目的、作用、内容和形式等方面，进而深刻地影响着人们对教育的理解和选择[②]。21 世纪以来，职业教育的发展，尤其是高职教育的迅猛发展，既建立在职业教育对人们日常生活水平的提升和改善上，也体现在职业教育的社会成效上。这种理解与选择，直接带来了高等教育的规模化、大众化、普及化发展，也为我们国家在新世纪经济社会发展进入新常态提供了厚实的基础人力资源。

这种理解与选择更需要融入国家与社会发展大势，融入社会发展主旋律。综合来看，目前比较成功的职业教育典型模式虽有文化差异，但最重要的一条经验就是职业教育的开展、职业技能的成长和社会经济的发展融为一体，也充分体现了国别和地域文化特色。德国双元制之所以成功，一条重要的原因是这种模式深植于德国社会统合主义的文化传统；基于忠孝集体主义的职业教育与分裂式职业培训则是支撑日本战后快速发展的秘技之一；奉行市场自由的美国职业教育在替代技能模式下并不能为美国的再工业化提供强力支撑。从这些不同国家的职业教育模式形成的经验来看，职业教育的发展要基于国家民族的经济社会发展的传统与发展趋势。

因此，职业教育的发展、职业院校的微观文化建设，从根源上讲要切合社会经济发展的“国家大事”。我们的煤炭文化就是学校在长期以来服务煤炭行业发展过程中所形成的特色文化，必定带有深刻的行业文化烙印，深受

① 赫梅尔．今日的教育为了明日的世界：为国际教育局写的研究报告[M]．北京：中国对外翻译出版公司，1983．

② 翟海魂，等．规律与镜鉴：发达国家职业教育问题史[M]．北京：北京大学出版社，2019．

行业发展影响。默默奉献、甘于吃苦是煤炭行业文化的本色，不断创新、追求卓越则是煤炭行业由传统向现代转型的精神追求。“团结、勤奋、求实、创新”这一校训虽是我们煤炭文化内涵的朴素表达，同样也反映了新时代下坚持立德树人、践行社会主义核心价值观的要求，需要贯穿在日常教学与职业技能训练中，落实到日常的教育教学和管理服务岗位中。

2. 首要服务立德树人根本任务

十年树木，百年树人。高职院校文化建设，首要的依然是立德树人，要培养高质量的技能人才。当然，教育本义上也是文化传输与建设活动。西方古代“有闲人”的七艺教育的传承，造就了西方经典式的学术教育。自然科学发展推进了由经验到实验室的工艺技术更新，更引发了教育的“普实之辨”，推进了科学教育的普遍发展。职业教育本源于生产生活，凯兴斯泰纳认为职业教育的首要任务是为“受教育者的未来职业做准备”①；黄炎培指出“职业教育之旨三：为个人谋生之准备，一也；为个人服务社会之准备，二也；为国家及世界增进生产力之准备，三也”②。

学生的培养是个系统化的文化传输工程，既要传授学生安身之技，也要传授学生立命之德。中专校时期，由于煤炭行业办学的特点，学习过程与生产过程有机融合，学生的学习、实习，多是“真刀实枪”的生产情境，毕业设计就是生产设计，学生能够很好地理解未来岗位的技能要求、企业文化和职业规则。在日常管理中，既有学校的严管——军事化管理、严格的日常生活要求；也有学校的厚爱——充分利用学生社团、社会实践等渠道，走上“文明监督岗”、参加“劳动生产周”，自我管理、自我服务。“建院是温暖的，也是严格的，特别是建院一直以来秉持的准军事化管理的模式，令我受益匪浅，让我在毕业后的就业、创业过程中，遇到任何困难都拥有一种顽强克服一切困难的能力。”③

学校的发展从根本上也是文化的发展。因此，这项文化事业的建设发

① 凯兴斯泰纳. 凯兴斯泰纳教育论著选[M]. 2版. 北京：人民教育出版社，2003.
② 黄炎培. 职业教育论[M]. 北京：商务印书馆，2019.
③ 母校，我想对您说……[N]. 江苏建筑职业技术学院报，2019-10-15(4).

展，从硬实力上讲应当是为产业企业发展提供技术技能人才，从软实力上讲则是塑造更多优秀活跃的文化因子以繁荣社会主义文化发展。技能人才的培养要坚持立德树人、德技兼修，这也为我们高职院校文化建设提供了根本方向与行动遵循。“教育使人们了解到，每一种为职业者所从事的职业劳动，都可以看作为集体利益所必需的劳动，而且人们在承担任何一种有报酬的劳动，不论他是单调的还是收入微薄的劳动时，都会把获得最佳成绩当作自己的义务”①，即在这个“每个人都不平常”的新时代里，在中国号巨轮劈波斩浪驶向世界舞台时，每个人都有自己出彩的人生。

3. 努力提升学生职业适应性

常言道，好的教育就是要为学生提供合适的教育。因此，追求高质量的技能人才培养，就是要我们在日常职业教育过程中，努力实现学生在技能习得过程中的职业适应性，这种适应性表现在三个方面。

第一应是职业精神的适应性。这主要表现为学生在职业生涯发展过程中表现出来的精气神。过去曾有一些形象的语言来表现这种精神，如“脚下有泥、手上有油”“肯吃苦、用得上、留得住”等，这些接地气的语言实质上生动表现了职业教育服务于建筑生产一线的直接目的。学校长期以来在服务于建筑行业与区域发展过程中，塑造了江苏建院的职教口碑，这其实也是历届建院学子在各自岗位上锤炼出来的良好职业品质与职业精神，这也恰恰是我们建筑文化建设最宝贵的外部资源与精神源泉。校友榜样与学长力量，往往是激励在校学子坚定职业理想、笃信职业成长的重要精神来源。

第二是职业技能的适应性。职业技能本义是某一职业（岗位）所要求的知识、能力的总和。因技能习得的环境、过程的不同也形成了不同国家在职业教育上的差异与特色。我国职业技能的习得主要还是学校教育。让学生在学校里习得未来职业所需技能，自然是我们高职教育者义不容辞的责任。根据麦可思公司对我校毕业生的连续跟踪调查，用人单位对毕业生的技能要求排在前面的是沟通与语言能力、人际关系处理能力等，专业技能反而位居其后。因此，在坚守专业教育特色优势的同时，通过强化教育供给侧改

① 凯兴斯泰纳. 凯兴斯泰纳教育论著选[M]. 2版. 北京：人民教育出版社，2003.

革，不断拓展丰富教育资源、阵地以及载体形式，尽可能在有限的教育时间里提升学生综合能力，则应是在当下喧扰纷繁的职教改革中需要静下来思考的内涵单元。

第三是职业发展的适应性。随着国家经济的提质增效，经济高质量发展阶段必然对传统职业发展提出结构性调整要求，这也必然要求从业人员随之增强职业技能的适应性与迁移力。对于学校而言，就是要突破传统教育的时空限制，回归教育本身，为学生后续发展与社会技能提升提供服务，例如1＋X证书制度、学分银行、资历框架等；对于学生而言，接受教育学习则是终身之事，通过职业教育与培训不断优化技能结构，保持职业竞争力，是个人持续不断发展的阶梯。

4. 注重精神文化的引领

学生的成长离不开良好精神文化的引领。这种引领既表现为以办学理念、校风校训校歌等凝聚师生员工的精神力量，形成良好的集体认同；同样也表现为以章程制度、规则措施等多层次的制度体制来规范约束师生员工的行为，产生一致性的集体认可，形成“校荣我荣”的爱校爱家爱生的优良传统。20世纪90年代中期开展的综合配套改革，其实质就是打破传统的管理体制，以市场意识引领改革，在人事管理、绩效分配、教学改革、学生管理、后勤产业、社会服务等方面建立基于目标与责任的制度体系，充分激活办学活力。在学校发展的历史上，从90年代的系列评估，到近年入选“双高计划”，正是一批又一批的教职员工的默默奉献与不断创新，汇聚成学校不断发展的力量源泉，铸就学校的办学内涵和声誉品牌，实现学生规模的稳步扩大、培养质量的稳步提升和人才市场的稳步发展。“建院建立起的同窗情、师生谊始终令我难忘，特别是当年的学科主任陈年和、辅导老师孙世奎和徐卓等老师，他们不仅教我们专业知识，还用心辅导我们将来走上社会后，如何做一名优秀的职场人。总的来说，我今天取得的每一点成绩，都是离不开母校的教导和培养的。”①当前，我们

① 放下国企“铁饭碗”自主创业，刘铭：建院让我走上社会自信从容[EB/OL].(2019-11-07)[2022-06-13]. http://alumni.jsviat.edu.cn/#/content/detail? id=1950&type=content&parent_id=704&category=924&back=true.

面对“双高计划”建设的重大任务，面对应用技术本科教育的重要目标，面对多类型学生对技能成长的不同需求，我们仍要以改革为主旋律，以人才培养效益为侧重点，对传统的制度文化体系进行重塑再造，再次激发办学活力，为学生成长创造良好的精神文化环境。

这种精神文化的引领首要的是牢牢把握住思想工作的主动权，净化好学生成长的思想文化环境。例如，这次全球大流行的新冠疫情防控战持续多年，也引发了纷繁复杂的网络战，充分暴露了不同思想舆论场斗争的复杂性、残酷性，更加凸显了意识形态斗争的重要性、严峻性。这就要求我们师生要坚守主旋律，唱响主旋律，传递主旋律。这既是一个国家民族政治社会化进程中必经的过程，也是每个公民个体在其政治社会化进程中必须上好的一节课。我们要上好思政课，做好专业思政，常态化开展“四史”教育，尤其是近现代史教育，进一步增强学生对国家发展、民族富强的认同感、危机感，以丰富多彩、卓有成效的思想工作方式，引导青年学生学习、信仰和践行社会主义核心价值观。

这种精神文化的引领要充分融入良好的职业文化环境。“劳动光荣，技能宝贵，创造伟大。”职业教育作为不同于普通教育的类型教育，其特性在于“职”，是学习场所由课堂向现场的联通、课程实施与工作过程的贯通、专业(群)文化与行业企业文化的互通。但这“三通”绝不是目前建立于非信任关系上的一纸合约，或是简单的企业帮忙提供多少个实习岗位。只有基于市场契约和利益共享机制，才能形成良好的职业文化环境，才可以对学生的成长产生深刻的真实的塑造。建筑产业现代化、“中国制造 2025”、“互联网＋”等呼唤技能社会的到来，产教融合、现代学徒制、混合所有制等为学生提供了技能的习得途径。因此，要结合学校办学特色、专业建设现状、市场人才规格等，把学生职业技能培养、职业迁移能力提升作为人才培养的重点要领，不断提升学生技能水平与职业能力。

这种精神文化的引领需要校园文化环境的熏陶。在校园物质环境方面，东西新老校区连接、南北家庭校园一体，这是我们进行人才培养、开展思想教育的天然地理优势。近年来，江苏建筑职业技术学院校园环境建设取得了很好的成绩，但有两个方面还要注意：一是一定范围内的“存旧”，这不是简单的“念旧”。校友返校，念念不忘的“旧”，是过去与授业恩师之间的亲情，是旧时读书的环境，这种无形的回忆我们可以通过一定有形的形式加以保全，而切不可全部丢掉。二是校园环境建设时的“特”。例如江苏建筑职业技术学院技术馆、图书馆，都体现了一种“特”。这种“特”，我们还可以去建设一些，如体现学校发展的校史文化馆。要把校史校情教育融入学生教育中，尤其是不同历史时期形成的校本文化深刻内涵，不仅要通过课堂、展馆等进行静态述说，也要充分挖掘校友资源，如让校友现身讲学、设立专业发展基金[①]等形式，让学生深刻理解，内化于心、外化于行。

① 矿建校友首创专业助学基金会[EB/OL].(2012-05-03)[2022-06-21]. http://www.jsjzi.edu.cn/_t380/2012/0503/c4209a35953/page.htm.

第五章

用好校友资源，凝聚更多的文化力量

进入新世纪以来，我国高等教育事业取得了举世瞩目的巨大成就，招生规模（图 5-1）持续增加，在校生规模及毛入学率不断提高（表 5-1），高等教育由精英化到大众化进而到普及化，为社会主义现代化建设培养了大量有用之才。其中，2011—2020 年高职专科教育规模扩张内涵式发展，2019 年、2020 年的招生数量更是超越本科招生人数（图 5-2），这些为高等教育的跨越发展奠定了坚实的物质基础。

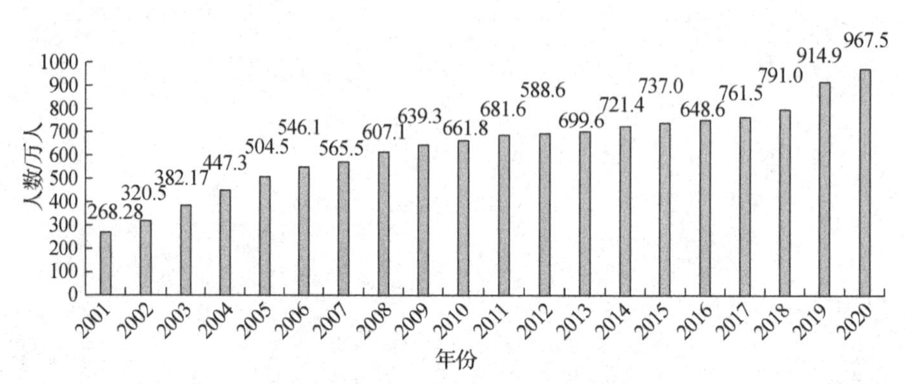

图 5-1　2001—2020 年普通高等学校招生情况统计①

表 5-1　2011—2020 年全国各类高等教育总规模及毛入学率情况统计②

年份	2011	2012	2013	2014	2015	2016	2017	2018	2019	2020
总规模/万人	3 176	3 225	3 460	3 559	3 647	3 699	3 779	3 833	4 002	4 183
毛入学率/%	26.9	30	34.5	37.5	40	42.7	45.7	48.1	51.6	54.4

① 数据来源于教育部历年《全国教育事业发展统计公报》。

② 同①。

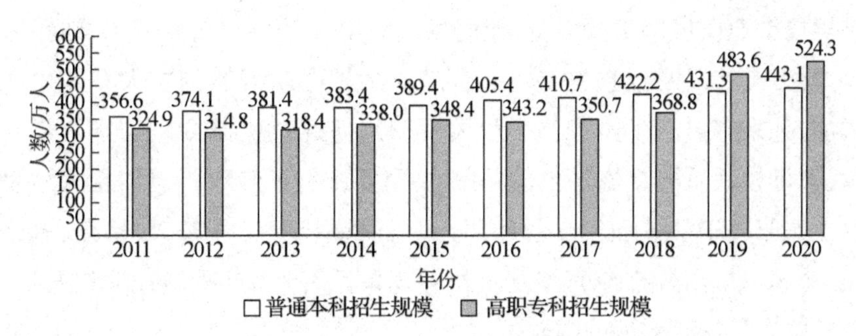

图 5－2　2011—2020 年普通高校本专科招生规模统计①

高等教育在自身发展过程中，资源的获得、占有和收益已成为竞争能力的关键。谁拥有了较多的资源，谁就有可能在新世纪的高校竞争中独占鳌头。充分开发和利用一切资源，寻求新的发展机遇，突出自身优势，提高社会声誉，提高综合竞争力，成为高校面临的共同课题。学校毕业生利用系统的学校教育过程中所获得的知识能力和学习能力在生产、建设、管理和服务等各条战线作出贡献的同时也促进了自身资源的积累与个人的发展。这里面也包括与原有就读学校割不断的深情厚谊。高校校友是一个与母校有着特殊感情联系的群体，是学校最宝贵的社会资源，是学校各项事业发展的重要依靠力量。

第一节　充分重视高校校友工作

近年来，随着高等教育事业的蓬勃发展，校友作为一种资源，其价值与使用意义正在不断得到开发。而且随着各校自身发展以及办学能力的延续，这一资源在时空的内涵与外延上也在不断拓展。这些学生奋斗在能源、建筑、制造等产业生产、建设、管理和服务一线，既有通过自身努力，不断学习，成为全国知名技术专家的，也有在市场经济中不断拼搏闯出自己事业新天地的。他们中有专家学者、实业家、管理者、公务员等，每位校友都在自己的工作岗位上通过获得的知识与技能服务小康社会的全面建设。这些校友

① 数据来源于教育部历年教育统计数据。http://www.moe.edu.cn.

都是学校事业发展的重要力量，他们可以为学校提供重要的智力支持、人力支持、财力支持以及信息支持。而且随着学校办学规模的扩大和学生人数的增加，越来越多的学生成为本校校友。如何通过机制和机构来构建同学联谊、与母校联系的交流平台，如何开展丰富多样的校友活动以更好地发挥校友工作服务于学校和校友的作用，如何保证校友工作长久、持续、有序地开展，构建一个高效合理的校友工作管理体系等，都是我们开发校友资源、开展校友工作需要解决的问题。

1. 校友资源内涵分析

随着高等教育的快速发展，目前各高校也日渐重视校友工作，加强对校友资源的研究和开发，充分利用校友资源来提升院校综合竞争能力。

(1) 校友的概念分析

校友是一个由来已久的概念，与之相对应的词汇是母校。“母校”的英文是“alma mater”，指一个人曾经读过的学校、学院或大学。“mater”，即mother(母亲)。“alma”源于拉丁语，原意为“哺育的”。“校友”的英文是“alumni”，源自拉丁语“alumnus”，原意是“养子”。从词源角度分析，“母校与校友”就像“母与子”一样是一对不可分割的词组。由此可见，大学与校友之间也正由于这种培养的情感而显得更为真挚，两者都会在对方的发展中产生重要的影响。

目前，对于校友这一沿用已久的概念还没有形成一个完全统一的内涵。在美国的大学中，校友的概念较为普遍的是指在大学中接受学历和非学历教育的人以及为学校做出贡献的人(如兼职教授、知名人士等)。国内对校友的界定较泛化，认为是在学校接受过学历教育的人以及工作过的教职工。北京航空航天大学周自强认为广义上的校友指的是在同一所学校学习、工作过的人，包括学校历届毕业的大学生、肄业生、学校领导、教师、一般干部和职工。而狭义上的校友则指在同一学校学习的学生(包括研、本、专、进、函、夜)毕业或离校后，彼此之间以及他们与在校同学之间的互称[1]。厦门大

---

[1] 周自强，白明. 关于高校校友工作组织机构模式的探讨[C]. 第十一次全国高校校友工作研讨会会议(交流材料)，转引自汪建武. 高校校友资源管理与开发研究[D]. 长沙：湖南大学，2007.

学石慧霞认为校友的概念可作微观、中观和宏观的理解。在狭义的微观层面上，校友是指曾在某大学受过学历教育（包括研、本、专、函等）的学生和工作过的教师。而在广义的宏观层面上，则是指愿意成为大学校友的人，如大学捐款人或校友的亲属，甚至有的大学将在校生纳入校友行列。介于狭义与广义之间中观层面的校友概念是指曾经在该大学接受学历和非学历教育的人（如进修生、旁听生）以及为学校做出贡献的人（如客座教授、兼职教授、社会知名人士等）①。从校友工作实践来看，《北京大学校友会章程》中规定：曾在北京大学（包括西南联合大学、燕京大学、中法大学、北京医科大学和院系调整时并入北京大学的其他高等学校）学习过并且获得学业证书或者学位证书的人士，曾在学校被聘用过工作过的人士，拥护本会章程，自愿参加本会者，均可申请参加本会②。《浙江传媒学院校友总会章程》中规定：浙江传媒学院（包括前身：浙江广播电视学校、浙江广播电视高等专科学校）的毕业生、肄业生、进修生和在校教职工以及在本校工作过的教职工，浙江传媒学院函授的学生以及浙江传媒学院聘请的兼职教授、名誉教授及其他兼职人员均可申请加入校友会。《同济大学校友会章程》中规定：在同济大学学习或工作过的各类学生、教职员工及经学校认定、热忱关心学校发展的社会人士，可申请成为本会的会员③。这就包括同济大学及其附属单位各个时期的教职工、学生，以及上海建筑材料工业学院、上海城市建设学院、上海铁道大学以及上海航空工业学校等并入校的师生员工④和对同济发展有重大贡献的人士等。

从以上理论研究成果以及各学校校友会章程中我们可以看出，目前纳入校友这一概念范畴的内容有三种：一是曾经在学校有过学习经历（包括毕业、肄业、进修、培训等）的人士；二是曾经在学校有过工作经历（任职、任教）的人士；三是对学校发展有过重大贡献的人士。可见，对于校友概念的把

---

① 石慧霞.需求与回应：处于母校和校友之间的大学校友会[J].复旦教育论坛，2000，2(4)：66.

② http://www.pku.org.cn/xyh/gzzd/xykzczd/79380.htm.

③ https://alumni.tongji.edu.cn/28562/list.htm.

④ 同济大学院校合并情况参照学校官网。https://www.tongji.edu.cn/xxgk1/xxjj1.htm.

握，是每个学校根据自身情况研究决定的。笔者所在学校创办于1979年，在其自身发展过程中，也经历多次办学层次、办学体系的转变，因而校友资源的构成也比较复杂。2009年6月14日，学校首届校友联谊会讨论通过的校友会章程中，对于校友资格的说明有三条：第一条是指徐州建筑职业技术学院各个时期（中国人民解放军基建工程兵第三技术学校、徐州煤矿建筑工程学校、徐州煤炭建筑工程学校、徐州建筑工程学校、徐州建筑职业技术学院）的毕业生（含全日制学生、函授生、成教学生）、结业生、肄业生、进修生（含各种培训班学生）；第二条是曾在徐州建筑职业技术学院各时期任教、任职者（包括名誉教师、特聘教师、专业顾问、外聘教师等兼职人员）；第三条是对徐州建筑职业技术学院的建设和发展做出过突出贡献，由学校授予名誉校友称号者。

(2) 校友资源的内涵界定

所谓资源，指的是一切可被人类开发和利用的物质、能量和信息的总称，它广泛地存在于自然界和人类社会中，是一种自然存在物或能够给人类带来财富的财富。或者说，资源就是指自然界和人类社会中的一种可以用以创造物质财富和精神财富的具有一定量的积累的客观存在形态。它不仅是自然资源，而且包括人类劳动中的社会、经济、技术等因素，还包括人力、人才、智力（信息、知识）等资源。其中，人力资源是指一定时期内组织中的人所拥有的能够被企业所用，且对价值创造起贡献作用的教育、能力、技能、经验、体力等的总称。大学校友经过系统的学校教育接受系列技能培训，获得职业能力和学习能力，并能够在一定的社会组织内创造价值，这包含了他的教育经历、能力培养、技能培训、经验积累以及体力延续等等。因而校友也可以说是一种非常重要的人力资源，对学校而言也是一种非常重要的社会资源。

国内最早提出校友资源的是清华大学校友总会的黄文辉和刘敏文，他们于2000年提出了“适应一流大学的需要，加强信息联系，开发校友资源”这一观点。他们指出：“高校校友是十分宝贵的人才资源和教育资源，是高校发展中不可忽视的一支重要力量。同时，校友也是学校的公共关系资源、信息资源、物质资源。"[①]"校友资源是校友自身作为人才资源的价值,以及校友所拥有的财力、物力、信息、文化和社会影响力等资源的总和","而广大校友是一个信息丰富、知识密集与母校有着特殊感情联系的群体,是母校的宝贵资源。充分发挥校友资源的作用,对母校的建设和发展具有重要意义"[②]。山东大学李居忠认为,校友资源作为人力资源的一种,具有确定性和不确定性。整体而言,校友作为资源在空间上是恒定的,具有确定性;在时间上是可再生的,循环往复,源源不断。相对于校友的母体,即作为产生校友的媒介平台的母校,校友只发生数量的改变,而不会产生质的消亡或改变。以某校为例,只要作为个体的人完成了进入和走出学校的这个经历,便已经自觉或不自觉地具有了该校校友的资质,成为某一校友群体的一员,且永远不会因为主观或者客观的因素而改变。他还指出,在具体的实际工作中,我们还应该清楚地认识到校友资源的不确定性。"友"的本质内涵是互动情感的胶结,因此,在更深层次上讲,并不是具有了校友资源的资质就是校友了,还要看具有校友资质的人们是否与学校达到认同的程度,而这恰恰是不确定的[③]。

从两者关系来讲,校友与大学互为充要条件,既互为条件,又相互促进。自大学创办之时起,校友便已实际产生;校友教育之发展,实际上也提升了大学的综合实力。从社会学角度来讲(图 5-3),大学是校友作为青年学子学习技能并培养职业能力、积累体能的场所,同时也可以满足校友在职业社会化过程中对继续教育的需求。在这里,他获得了在社会组织内生存与发展的基本能力,完成了由青少年向成年人的一个社会化过渡,尤其是心智和技能上的社会化。进入职场后,校友在社会组织和职业环境中继续社会化,在相应的社会活动中获得相应的经济能力,掌握一定的信息资源、文化资源和社会影响力。由于校友情结,他可以为母校事业的发展做出一定的贡献。

---

① 黄文辉,刘敏文.一流大学建设中校友工作的探索与实践[J].清华大学教育研究,2000,21(3):148-151.

② 贺美英,郭樑,钱锡康.对高校校友资源的再认识[J].清华大学教育研究,2004,25(6):78-82.

③ 李居忠.高校校友资源问题思考[J].理论学习,2005(11):47.

从社会角度来说，大学是校友社会化进程中非常重要的环境，也是校友继续社会化的基础。从资源角度来说，以大学为环境的校友社会化进程是校友资源价值的培养与贮蓄过程，而职业社会化则是校友资源价值的进一步提升，这期间校友所拥有的经济、智力、人力、社会影响力以及自身经历对学校的人才教育和培养而言都具有有益的价值。

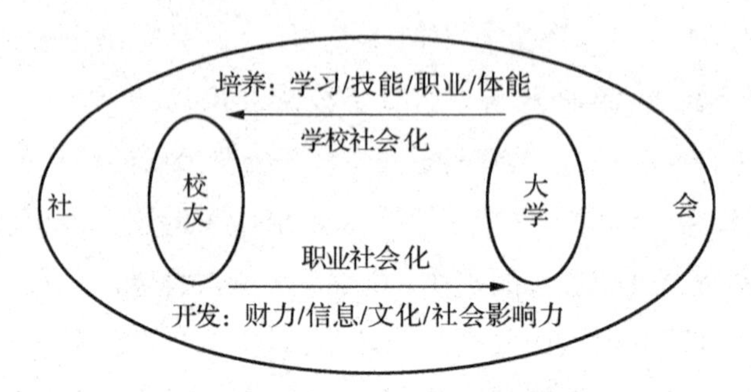

图 5－3　校友与大学的社会学关系图解

2. 开发校友资源的意义

(1) 高校校友资源的价值

高校校友资源作为一种特殊的社会资源，是大学发展中十分宝贵的、不可或缺的资源。剑桥大学的校长曾以剑桥的发展为例，肯定了校友资源在学校发展中的重要作用："剑桥大学百年来一直站在高校校友资源开发与利用研究和现今教育的最前沿，这是由剑桥人本身的品质以及剑桥众多拥护者的慷慨共同达成的，剑桥的未来就在他们的支持当中。"北京航空航天大学周自强认为："校友的成就是母校社会声望的主要资源；校友的经历体验是母校教育和教学改革的资源；校友的特长优势是母校在科技、文化等方面与之进行交流合作的资源；校友的社会影响与人脉关系是母校对外开放办学的资源；校友的高尚品德和先进事迹是母校的德育资源；校友的评价和赞誉是母校弘扬优良传统和办学理念的精神资源；校友的捐款和捐赠是母校增加办学经费的物质资源。"①因此，进行高校校友资源的开发与管理对高校

① 周自强.全面认识与合理开发高校校友资源[C].第十二次全国高校校友工作研讨会会议(交流材料)P31－36，转引自汪建武.高校校友资源管理与开发研究[D].长沙：湖南大学，2007.

教育事业的发展有着重要的意义。

校友与大学之间的关系既是个体的，也是群体的。相对于高等教育（大学教育）而言，每一所大学都有他自身产生、发展的历史过程，共同形成了蔚为大观的高等教育蓬勃发展态势。这是一种群体与个体的关系。大学出现之际，也是校友产生之时。因而校友作为一个群体，他的数量是不断增加的。但是校友作为一个个体，他又是确定的，在规定的时间里从学校获得了相应的资源。这也是一种群体与个体的关系，也正是前文所说的校友资源的确定性与不确定性的特性。正是由于这种复杂的资源特性，校友资源得以不断地循环再生（图 5 - 4）。一届又一届的校友从大学获得知识、技能、情感、声誉和关系等资源，而校友在职场中的奋斗又为母校发展提供了资本资源、教育资源、信息资源、思想资源、产业资源和关系资源。而这一切，都是缘于校友与母校之间的情感联结。因此，做好校友资源的开发与利用工作，凝聚广大校友的力量，是推动高校发展的重要途径。

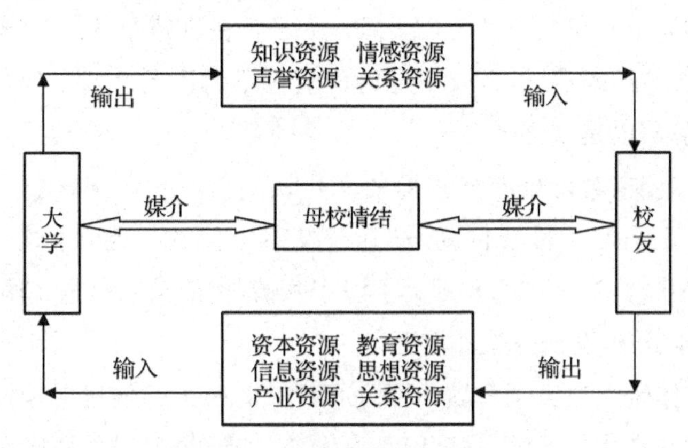

图 5 - 4 校友资源循环示意图

发展离不开资源，高校的发展同样离不开资源。在市场经济条件下，在很大程度上，高校自身的发展问题是一个资源整合、配置与利用的问题。而大学校友则是大学发展中十分宝贵的、不可或缺的发展性资源。校友分布在四面八方，各行各业有着广泛的社会关系和人脉网络，可为母校的发展提供庞大的信息网，对学校办学思想、人才培养、科学研究以及学校的发展战略等方面的宝贵意见和建议，是大学重要的信息资源。目前高校发展面临资金瓶颈。广大校友尤其是卓有成就的海内外校友通过捐资助学，设立奖学金、奖教金等，弥补了教育经费的不足，成为大学发展不可或缺的资金来源。校友受到母校的系统教育，在多年的社会经历和勤奋工作中最能直接感受和亲身体验出母校在教学和教育方面存在的优缺点，并提出良好的意见和建议，是大学重要的教育资源。校友在科学研究、技术合作、产业合作和技能培训等领域给予母校的支持和帮助，是大学重要的产业资源。校友的社会阅历、创业历程与人生体验，更是在校大学生思想政治教育最鲜活的教材，是大学重要的思想资源。一个大学在社会上的声望主要取决于其校友在各自岗位上的水平和成就。校友的人格魅力、工作业绩与社会贡献，体现着大学的教育质量，是大学重要的形象资源。

由于校友资源价值的重要性日益体现，所以促进校友资源的开发与利用是加强高校校友工作的需要。自 20 世纪 90 年代以来，各高校纷纷举办校庆，建立校友会，成立校友工作办公室，工作也取得了相当的成就。但是多数情况下还处于简单的情感交流层面，工作停留在表面上。随着价值的不断体现，工作的不断深入，校友资源的价值也不断得到开发。促进校友资源的开发与利用，也是增强校友对母校情感的需要。由于曾经共同的学习生活背景，所以校友对母校有着强烈的文化认同与心理归属。校友资源的开发与利用也正是缘于母校情结，增强校友对母校的文化认同与身份归属。校友会的成立、校友工作的开展无不缘于感情，也因情感而进一步增强。

(2) 国内外校友研究工作简况

校友工作研究在美国和欧洲国家有较长的历史。较早的校友研究出现在 20 世纪 30 年代的美国。佩斯于 1979 年指出，校友工作研究主要着眼于帮助高校领导评估教育成果以及了解大学生就业情况。今天，校友工作研究已经扩展到许多新的方面。概括起来，研究多集中在以下几个方面：第一，大学校友会组织类型研究；第二，大学校友会的日常组织机构及运行模式研究；第三，开展校友活动的研究；第四，关于校友捐赠的研究[①]。

国外许多大学建校之初就成立了校友会组织，并发展成一个庞大的校

① 赵新. LG 大学校友工作管理体系研究[D]. 济南：山东大学，2008.

友工作机构。除学校一级的校友会外，各院系也设立校友会分会，在各地也有校友会组织。校友会的日常业务范围相当广泛，包括与校友会分会的经常性联络，通过媒体宣传和邮寄资料等形式及时向广大校友通报学校的发展情况，为不同年龄、不同行业的校友策划和组织各种活动，提供多样有益的服务，培养和开发在校学生的敬校爱校精神。校友会还负责校友奖学金的募集，利用校友资源开展招生和毕业生就业工作等。

相对于国外校友工作研究的历史，我国高校校友工作的理论研究相对滞后。近年来，随着高校校友工作的有效深入开展，针对校友资源的开发利用中所显现出来的实践经验和所出现的问题，人们逐渐认识到要从理论上加强对高校校友工作的研究，高校校友工作的理论研究越来越受到高校领导、广大校友工作者和高等教育学专家的重视。中国高等教育学会校友工作研究分会 2001 年成立，2003 年经民政部核批①，承担组织和联络全国高等学校校友工作机构进行学术研究与合作的任务，校友工作研究分会曾多次举办以校友工作为对象的理论研讨会，在学术期刊上也不断发表关于校友工作理论的探讨文章。例如在中国期刊网全文数据库中输入关键词“校友资源”，累计检索量 827 篇，研究成果逐年增多，尤其是近十多年来，年发表量均突破 50 篇(图 5－5)；以“校友工作”为关键词，累计检查结果 497 篇，成果多集中在近 10 多年。

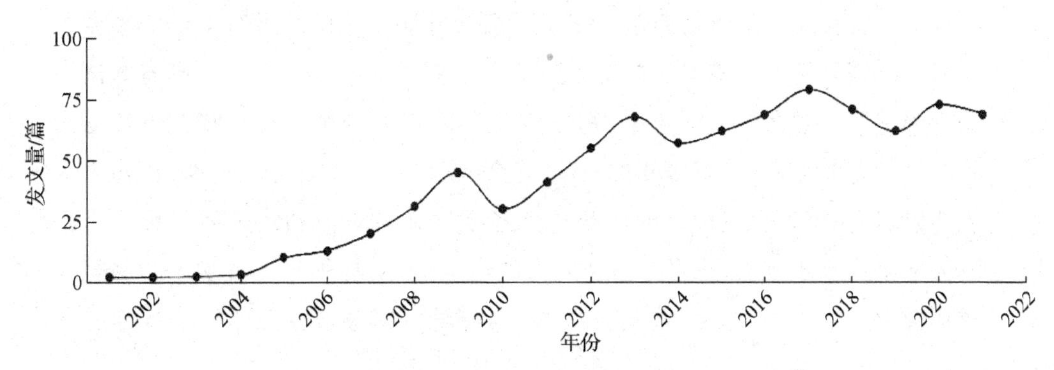

图 5－5 新世纪以来校友资源研究成果数量分布图②

① https://news.pku.edu.cn/xwzh/84135e044fb343878353223fabfeeddd.htm.

② 依据中国知网 2021 年 8 月 30 日检索结果统计。

对研究成果分布进行分析，主要通过如下几个方面来呈现。一是从研究成果发布机构来看，既有九校联盟(C9)[①]等知名著名高校，也有普通地方院校，高职院校、独立院校也开始注重校友资源的开发与校友工作。二是从研究成果的主题来看，对象上既有对高校工作的探讨，有对校友会工作的探讨，也有对校友工作的探讨；在对校友资源的开发利用主题开展研究的同时，还强调对校友文化、校友档案、校友捐赠、校友联系班级等作用途径的研究；在深入研究校友资源融入人才培养工作中时，主要侧重于学生就业、思想政治教育、创新创业等方面的研究。由此可以看出，校友工作以及校友资源的开发与利用已经逐渐成为目前高等教育管理以及各高校在自身发展过程中非常重要的一个资源。

(3) 开展校友资源研究的意义

研究校友资源的开发与利用，整合现实中的校友资源，将校友资源作为高校管理工作的有机组成部分，是对高等教育服务社会和服务学生职能理论的新发展，是高校管理工作理论的拓展与实践的延伸。这是高等教育管理理论的发展，也是对高校校友工作的理论研究尤其是高职院校校友工作的规律探索的推动。通过研究，探索我校校友工作的特点和规律，拓展校友工作的新思路，提高校友工作水平，更好地服务于学校和社会的发展。

校友资源的开发与利用是高校人才培养活动的延续，是实现学校教育与社会教育相融合的重要渠道。校友是高校开展思想政治教育工作的重要素材。高职院校人才培养的首要目标是立德树人。校友与在校生有着共同的学习背景。对在校大学生来说，校友是不在编的教师。校友曾在母校受到系统的专业教育，又有多年的社会经验，他们的社会阅历、创业历程与人生体验，是在校大学生极好的活教材。经常性地邀请成功校友回母校为在校大学生作成才报告，或召开各种形式的座谈会，对加强在校大学生的思想教育会起到很好的效果，“校友育人”是当前学生思想教育工作的有效途径

① 九校联盟(C9)是中国首个顶尖大学间的高校联盟，于 2009 年 10 月正式启动。联盟成员都是国家首批“985 工程”重点建设的一流大学，包括北京大学、清华大学、哈尔滨工业大学、复旦大学、上海交通大学、南京大学、浙江大学、中国科学技术大学、西安交通大学共 9 所高校。https://baike.baidu.com/item/%E4%B9%9D%E6%A0%A1%E8%81%94%E7%9B%9F/2059866?fr=aladdin.

和新的突破口。

校友是高校开展教育教学活动的重要资源。高职教育是以就业为导向，以服务为宗旨，培养面向生产、建设、管理和服务一线的高技能应用型人才。校友由于他们的特殊身份，可向母校提供教育教学资源。可以利用校友在其发展过程中积累的资源来推动学校的专业建设和课程建设，传递行业最新情报。由于共同的母校情怀，可以与校友开展校企合作，深度融合，培养学生。可以充分发挥校友的社会资源，为学生就业等方面提供有效信息，接受或推荐学生就业，提高就业率。

校友是学校的名片。通过校友工作的开展，校友资源这一概念得以进一步深入全校师生员工的思想中，形成全员开展工作的局面；可以形成良好的校友工作机制，建立行之有效的校友工作渠道，探索持续健康的长效机制；可以进一步动态地掌握校友资源的信息与价值，在工作实践中思考校友资源的多元化、可持续的开发与利用。

因此，在日常校友资源开发利用的研究中，我们一方面可以充分利用图书馆、中国知网以及互联网资源，通过国内外部分高等学校校友会网站和到兄弟院校学习考察，收集有关高等教育及高校校友工作方面的学术研究资料，并对其进行进一步的整理、分析；另一方面，充分利用校本校友信息数据，选择相关代表性数据，对特定高校校友资源开展样本性分析研究，提出校友资源开发管理的具体建议。

第二节　高校校友事务工作现状分析

1. 国外高校校友工作概况

自20世纪以来，国外高校特别是美国的高校，校友工作大都有很长的历史，而且从建校之初就很重视校友工作，成立校友会，广泛开展各种活动，开发和利用校友资源。校友会的主要任务是帮助母校与校友建立互利互惠的双赢关系。如耶鲁大学校友会章程中明确写道："The purpose of the association shall be to serve the interests of Yale University and of its alumni; to provide a channel of communication between the alumni and the university;

to oversee alumni organization and program; and to provide the means (when appropriate) for examining university policies and programs by the alumni and advancing appropriate recommendations from the alumni, through their representatives, to the corporation. The AYA fosters life-long connections to Yale, both to serve its graduates and to enable them to be effective contributors to the university."[①]其大意是服务于母校和校友、为母校与校友的联系搭建平台、收集校友建议、监管校友会工作等等。目前美国大学校友会组织机构完善,分工明确,建立了完善的制度。一般有3种不同的组织机构形式:第一种是独立的组织,与大学自身没有正式的官方联系,办公经费、财务和资产是与大学分离的,有自己的校友基金会,可以在社会上开展募捐活动以及其他依法运作的经济活动。第二种是非独立的组织,这类校友会是学校的一个行政部门,在大学行政当局指导下集中力量推动校友对学校做贡献,是学校发展公共关系的手段。第三种是独立的与非独立的校友会联合体,这种校友会独立于学校的行政组织,但由于它所开展的工作与学校的校友事务部门的工作在很多领域是交叉的,于是与学校的相关行政部门产生了很多合作关系[②]。

美国大学校友会工作人员较多,工作内容丰富。美国大学校友会一般都会配备几十人到上百人的校友工作团队。以哈佛大学校友会为例,校友会理事会是校友会的最高决策机构,负责制定政策,监督和管理哈佛大学校友会的所有事务。执行委员会是从理事会中选举出来的,代表整个理事会执行和管理校友事务。它由会长、第一副会长、3名副会长、1名秘书长、1名财务长、4名当然理事、两名会员组成。理事会下设13个常务委员会,校友会的日常工作由这些常务委员会来完成[③]。在哈佛大学,院级、校级都有从事校友工作的专职人员,他们各自负责所属范围的校友工作。如2015至2016年度哈佛大学校友会理事会成员就有102名[④]。

---

① http://www.aya.yale.edu.

② 和霄雯,程化琴.中美大学校友会发展的比较研究[J].教育探索,2009(2):141-143.

③ 赵双双.哈佛大学校友会研究[D].保定:河北大学,2017:25.

④ 同上,2017:36.

校友资源是学校事业发展的宝贵资源，既是智力资源，也是财力资源。通过校友捐赠筹措办学经费是校友工作的重要内容之一。在美国，大学面向社会私人筹措捐赠已经有多年的历史，高校筹集的社会资金中有相当一部分来自校友，校友为学校的发展工作做出了很大贡献。筹集办学资金已成为一种公认的专业活动，有专门的基金会管理校友捐赠，如何筹集资金几乎发展成为一门科学，在筹集资金方面的研究内容涉及如何建立信用、如何选择筹资运作的模式、如何确定筹资战略、如何使用筹资专家等。国外大学的校长、院长每年都会安排时间到世界各地去看望他们的校友，向校友们介绍学校的情况，通报学校的发展计划和遇到的困难。校友也会为母校的发展和困难的解决出谋献策，出钱出力。

美国高校经常通过形式多样的活动来加强校友与母校、校友与校友以及校友与地方校友会之间的联系，强化情感认同与文化和谐。例如年度校友聚会，班庆、校庆等聚会，记载聚会情况，更新校友信息。例如每年评选若干名在事业上或者支持母校工作中做出突出贡献的校友，在校友和在校生中进行宣传，通过榜样的力量来推动校友工作和教育工作。耶鲁校友会为校友提供的服务多样化。在其2009年的“校友福利与服务”中就包括“终生学习”，涉及校友继续教育、兴趣爱好、职业培训、校友联系等多方面。

2. 国内高校校友工作概况

我国近代高等教育源于19世纪末期。1952年全国院系调整，一批新的高等院校应运而生，据最新统计，2022年我国共有高等学校3 013所。伴随着高等学校的建立和发展，高校校友工作机构相继成立和发展。我国高校校友工作的组织机构源于1906年，当时京师大学堂师范馆（北京师范大学的前身）成立的由全体师生组成的校友会，可以算是我国最早的校友会。在传统计划经济时代，高等教育主要由国家统一包办，学校自主权较小，各大学也不重视校友工作。1994年5月，由北京师范大学、北京航空航天大学、清华大学、天津大学、南开大学、浙江大学、厦门大学、山东大学、青岛海洋大学和北京大学等10所高校的校友工作者，在青岛海洋大学举行第一届校友工作研讨会。2003年9月25日，中国高等教育高教学会校友工作研究分会得到民政部批准，引导和推动我国高校校友工作依法运作，走上了规范发展和可持续发展的道路。2021年，中国高等教育学会校友工作研究分会第五次会员大会暨全国高校校友工作第28次研讨会在北京大学召开，401家会员单位533名代表参会。这说明越来越多的学校开始重视校友工作的理论研究与业务实践。

总之，经过几十年的建设，我国高校校友工作从无到有，从小到大，经历了一个快速发展的时期。越来越多的学校建立各级各类校友组织，成立校友工作办公室或联络部门，增强广大校友与母校的联系，开发和利用校友资源，成为支持母校建设发展的一支重要的社会力量。综合来看，目前我国高校校友工作主要是通过信息平台建设，创建校友综合性信息服务网站，创办校友刊物，介绍母校和校友各方面的情况，促进校友与母校的交流与合作；通过捐赠，争取校友物质资源支持学校建设，帮助学生完成学业；充分利用校友资源，开展教学研究、科学研究、技术改造以及学生就业创业等方面的合作。

但是在具体的校友工作中也暴露了很多问题。与国外相比，由于办学体制之间的差异，虽然说校友工作的重要性逐步得到认识，联络校友感情、开发校友资源仍是校友工作的重点，但相比于其他工作而言，校友工作本身组织性需要进一步加强，重要性需要进一步阐述。而且各校工作机构不完整，人员配备不足，办公经费与设备设施不足。对于捐赠，过于看重突出成就的校友而容易忽略多数个别校友。

3. 本校校友事务工作概况

笔者所在学校为一所办学较有特色、办学较有一定显示度的高职院校，始建于1979年，前身为中国人民解放军基本建设工程兵第三技术学校。1983年全国裁军百万，学校撤改为中专校，归属煤炭工业部领导，建成为国家级重点中专。1999年经教育部批准升格为高职学校，归属江苏省政府管理(学校历史沿革见表5-2)。学校坚持职业教育方向不动摇，坚持建筑类专业特色不动摇，坚持走产学研合作道路不动摇，形成了以工为主，以建筑为特色，土建类、机电类、经济贸易类专业为骨干的多专业群协调发展模式。学校先后被评定为中国特色高水平高职学校和专业建设计划(A类专业群)建设单位、国家优质专科高职院校、国家示范性高职院校、江苏省卓越高职院校建设单位、江苏省高水平高职学校建设单位等。

表 5－2　学校办学历史沿革

序号	学校名称	办学时间	办学层次	隶属关系
1	中国人民解放军基本建设工程兵 第三技术学校	1979 年 1 月— 1983 年 7 月	师级建制 专科层次	军委
2	徐州煤矿建筑工程学校	1983 年 7 月— 1984 年 2 月	中专校	煤炭工业部
3	徐州煤炭建筑工程学校	1984 年 2 月— 1998 年 4 月	中专校	煤炭工业部
4	徐州建筑工程学校	1998 年 4 月— 1999 年 7 月	中专校	煤炭工业部
5	徐州建筑职业技术学院 2011 年更名为“江苏建筑职业技术学院”	1999 年 7 月 至今	高职高专	江苏省 人民政府

（1）校友资源概况

经过 40 多年的办学经历，三易其制，五更其名，学校累计为社会培养近 10 万名有用人才，校友资源也是比较丰富的（表 5－3）。这里既包括在学校各个时期有过学习生活经历的学生，也包括各个时期的教职员工和对学校发展与建设做出过贡献的人。

表 5－3　学校历届班级数及学生人数统计

系部	1979 级至 1982 级		1984 级至 1999 级		2000 级至 2016 级	
	班级/个	人数/人	班级/个	人数/人	班级/个	人数/人
建筑建造学院	3	118	80	2621	242	9 806
建筑装饰学院	—	—	17	821	189	6 887
建筑智能学院	—	—	66	2 703	183	6 712
建筑管理学院	—	—	42	2 091	188	7 803
交通工程学院	5	189	27	1 054	107	3 280
智能制造学院	3	111	32	1 345	176	6 543
经济管理学院	2	101	32	1 394	233	8 312
信电工程学院	—	—	37	1 150	153	5 678

续表 5-3

系部	1979 级至 1982 级		1984 级至 1999 级		2000 级至 2016 级	
	班级/个	人数/人	班级/个	人数/人	班级/个	人数/人
艺术设计学院	—	—	—	—	84	2 296
基础部	—	—	42	2014	—	—
合计	13	519	375	15 193	1 555	57 317

表 5-3 中数据依据学校编印建校 30 年、40 年校史附录中毕业学生人数表，学院档案室藏部分历届学生档案统计。联合培养、短期培训和成人教育等教育形式的学生不在统计之列。统计时期以学校三次改制为统计口径，1979 级至 1982 级为军校时期，共招收工业与民用建筑、经济管理、矿山建设和机电工程四个专业。1983 年学校因裁军面临撤并停改问题，暂停招生。1984 级至 1999 级为中专校时期。20 世纪 90 年代，响应国家号召，为煤炭系统培养师资人才，学校依托基础部开办英语、体育、美术等师范专业。2000 级至 2016 级为高职高专时期，2012 级至 2016 级学校推行系改院调整，在保持专业办学优势的同时，对原来系、专业分布进行了较大调整。因此，在对高职时期人数进行统计时，以改革后学院为准，以办学 30 年为界，改革前数据整体并入原专业所在学院，新设学院从 2007 级开始统计。

从学习经历来讲，与学校办学体制转变相对应，校友群体也明显地分为三个情感层次：一是军校时期，校友中又称为三技校时期，此时校友由于来源于部队，相互之间又多了一份战友情谊。从 1979 级到 1982 级，他们互称为学员一队、二队、三队和四队，每队之间又以分队来表明专业差异。例如 1982 级入校学员整体为四队，其中矿山建设专业为一分队，工业与民用建筑专业为二分队，经济管理专业为三分队，机电工程专业为四分队。二是从 1984 级到 1999 级，同是中专校时期，由于徐州煤矿建筑工程学校和徐州建筑工程学校两个校名时间相对较短，徐州煤炭建筑工程学校校名使用时间较长，无论是校友中还是徐州当地社会上多以“煤建校”来简称。三是 2000 年以后，学校升格为高职院校，此时简称“徐州建院”(或“江苏建院”“苏建院”)。由于学习经历和人生阅历的差异，三个时期校友资源的积累相差是比较大的。三技校时期的校友目前大多数已经年届花甲，事业家庭都已经非常稳定，拥有相对稳定的经济、社会和人生资源。煤建校时期的校友目前多数处在事业奋斗与上升期，其中也不乏相对杰出校友。而江苏建院时期的校友目前绝大多数正处在事业起点时期，仍需要不断地拼搏与努力。从专业分布来看，虽然说办学 40 多年，校友分布于各行各业，但是从校友信息反馈来看，还是主要集中在建筑行业、煤矿资源行业以及相关行业，这也切合学校的办学历史和办学特色。由于学校创办之初便与煤炭工业相关联，因而煤炭行业是学校服务的传统行业。但由于煤炭行业在 20 世纪 90 年代已不景气以及学校改制转轨等原因，学校矿山建设等相关专业的办学一度中断，与行业联系也由此逐渐丧失。2005 年学校恢复矿山建设类专业招生，并恢复与煤炭行业的联系，其中在恢复办学过程中就得到了相关校友的大力支持。由于近年来煤炭行业的逐渐繁荣，相关专业的毕业校友的资源也逐渐发展壮大，成为学校教学、研究与技术服务的重要资源。建筑类专业一直是学校的优势学科，其办学传统与办学优势得以延续并不断发展。因而在建筑行业的校友相对较多，而且资源也相对比较丰富。这在学校开展校友工作过程也得到了体现。

近年来，随着校友资源的价值日益重要，学校也逐渐开展校友工作，探索校友资源的开发与利用。组织一定层面的校友返校聚会，主要是以班级为单位自发地利用“五一”假期、暑假、“十一”假期和寒假等相对集中的时间举行班庆，组织校友参观校园，进行座谈，编制通讯录，加强校友与系部的情感联系。由于学校层次与规模的限制，继续教育学院充分为校友学习能力的提升提供空间，目前校友是学校继续教育生源的重要组成部分。校企合作办公室也利用校友企业开展校企合作、技术服务和学校实习与培训方面的合作，例如校友的企业金鑫钢结构有限责任公司近年来连年接收土木工程学院钢结构等专业学生进行顶岗实习和工作。一些教职工也先后利用校友资源为在校生开展学生就业帮扶。也有个别校友捐赠支持学校事业的发展。

这些工作的开展有利于校友资源的开发，但是总体上而言，此时的工作是零散的、个别的、部门化的，缺乏组织性、统一性和协调性。为了提升校友工作水平，提高校友资源的开发与利用的效率，学校层面的校友工作也逐步展开。一是建立领导机构。为了更好地统筹和部署全校的校友资源开发与管理工作,学校在2009年4月成立对外联络与发展办公室,负责包括校友联络在内的对外联络与发展事宜,使得校友资源的开发与管理有了组织依托。二是开始夯实工作基础。从2008年6月开始,利用举办30周年校庆的重大活动际遇,在全校范围内开展建校近30年以来校友信息收集工作,这将形成校友资源开发与管理非常宝贵的信息资源库。三是成立校友联谊会。借助校庆等重大活动际遇,推动校友工作的深入开展,也是高校校友资源开发的通常做法。1999年是学校建校20周年,当时也曾尝试建立各地校友联谊会,联络各地校友,开展校友工作,但却是阵风现象,风过事息,没有长期坚持下来。2009年9月19日,学校举行建校30周年大庆。为了在校友中形成良好的氛围,摸索校友工作经验,2007年12月30日,学校举办了一次历届学生会主席返校共话母校发展的研讨会活动并取得了圆满成功。会上,散于全国各地的校友充分表达了对校友会的渴望,对母校情感的渴望。为了充分办好30周年校庆,学校在全国各地成立校友联谊会,依托各地校友联谊会开展校友资源的联络与发展工作。经过一年多的工作,先后共正式成立了25个校友联谊会。2009年6月14日,学校召开首届校友联谊会,来自全国各地80余名校友代表参加会议,选举产生了学校校友联谊会第一届联谊会理事机构,通过校友联谊会章程,共同研讨校友与母校合作与发展事宜。截至2019年6月,已经成立校友分会36家(表5-4)。

表5-4 学校各地校友联谊分会基本情况

序号	校友会名	成立时间	序号	校友会名	成立时间
1	泰安	2008-8-2	9	上海	2008-12-19
2	邢台	2008-8-4	10	苏州	2008-12-20
3	邯郸	2008-8-4	11	无锡	2008-12-20
4	陕西	2008-8-17	12	宿迁	2009-1-3
5	北京	2008-10-25	13	枣庄	2009-1-7
6	济宁	2008-12-11	14	河南	2009-1-10
7	宿州	2008-12-16	15	邹城	2009-1-14
8	常州	2008-12-18	16	徐州	2009-2-28

续表 5-4

序号	校友会名	成立时间	序号	校友会名	成立时间
17	淮北	2009-3-7	27	西藏	2010-7-22
18	淮南	2009-3-15	28	伊犁	2010-8-12
19	深圳	2009-3-27	29	内蒙古	2010-10-16
20	广东	2009-3-28	30	广西	2011-6-19
21	四川	2009-4-9	31	山西	2012-7-15
22	重庆	2009-4-10	32	宁夏	2012-7-22
23	镇江	2009-4-17	33	湖南	2013-6-1
24	南京	2009-4-18	34	辽宁	2014-8-2
25	浙江	2009-8-1	35	连云港	2015-10-24
26	大屯	2009-8-28	36	江西	2019-6-28

(2) 校友工作存在的问题

开展校友工作，主要目的是展示学校办学成果，联络各地校友，增强校友与母校的情感，互利双赢，全面为学校和校友事业发展服务。从目前校友工作开展情况来看，校友资源开发与管理也是初步的。主要表现在三个方面：一是制度层面的建设尚未起步，需要进一步充实和完善。虽制定有校友联谊会章程，但有关校友资源开发与管理的具体制度设计仍需加强。二是组织层面的建设虽已有成果，但是相对比较薄弱。校友联谊会虽已成立，但独立于学院行政机构，与各地校友联谊分会的联系属松散状态，没有形成密集的感情联系圈。三是开发工作虽有所推进，但相对单一，缺乏有效性，也不够深入。目前校友活动多是班庆，在“五一”假期或“十一”假期以班级为单位自发地举行庆祝活动。但是对于班级活动资源以及校友个人资源，并没有学校层面的介入与深入。30 周年校庆后明确了校庆日举办毕业校友返校聚会，校友中存在的一些学习要求或者对母校的情感需要还没有形成有效的制度性机制化措施去跟进。捐赠工作的开展是校友资源开发与管理的重要标志，30 周年校庆时曾有多位事业有成的校友对学校事业发展有诸多支持，后续校友资源开发与利用却未取得更多的实质性进展。总的来说，存在的主要问题有：

校友工作目标肤浅,思想认识不高,仅限于搭建桥梁、联谊感情。目前学校校友资源的开发利用还需要加强。虽有校友办与人员设置,但对校友资源开发与管理目的的理解不够。校友资源需要综合性开发,但目前更多的教职员工仅仅理解为要从校友那边要钱回来。例如在校庆之际,经常有教职员工问校庆办从校友那边要了多少捐赠。事实上在领导和教职员心中,认为捐赠的功利色彩相对较重,追求眼前利益。

校友工作态度消极,主动性和积极性不够。这可以从三个层面来理解:一是学校重视程度。不能仅依赖于等部门汇报、靠部门工作,也需要对工作进行认真的考虑,指导并参与到工作中来。二是部门工作态度。校友工作不是一个部门之事,而应是二级学院、各部门共同的责任。目前,校友工作缺乏整体性思考,二级学院工作积极性不高,还没有充分意识到校友资源的重要性和自身在校友资源开发与管理中的主体地位问题。三是教职员工态度。校友是全体师生员工的校友,也是全员育人的结果。因而由于师恩绵长,校友工作的开展也必然会与广大教师相关联。笔者在参与举办 30 周年校庆的工作时,曾随同奔赴各地成立校友联谊分会,切身感受到了校友的热情,也深刻感受到了校友对学校的眷念,尤其是对普通任课老师的眷念。因而从这种情感出发,我们所有的教职员工都具有开展校友资源与管理工作的主动性。但在工作开展过程中,校友工作的开展好像就是学校的事,与普通老师毫无关联。甚至个别老师还将此视为财富,基本不公开校友信息。

校友工作效果不佳,成果深度性不够。校友工作成果(效果)有量化与质化的检验方式,工作连续性开展是校友工作效果广度与工作成果深度的最基本保障。通过开展校庆、组织校友会等,可以凝聚校友资源,发挥校友作用,促进学校校友事业双向发展。笔者所在学校举办建校 30 周年校庆之际,先后得到各方面的钱款物等各种捐赠价值 1 300 万元,其中校友捐赠是主体,先后有多名成功校友回校举办学术讲座、励志报告,在在校大学生中产生了一定的反响,也有多个校友会捐赠文化小品、出版物,例如孔子塑像、文化石、出版刊物等,为学校校园文化生活增添了不少思想趣味。可以说,校庆活动的举办,在一定程度上凝聚了校友资源,校友资源的资本价值产生了一定的积聚,教育价值得到了一定的呈现,思想价值也产生了一定的反响。

如何把这一骤然性成就转变为长效机制，借以进一步推动校友资源的开发和利用，仍需要一定的政策思考与措施考虑。一是校友群体贡献面不均，从专业角度来看，主要集中在经管、土建等少数优势专业的几个校友身上；从时期来看，主要集中在三技校时期和煤建校前期。而机电、矿建等办学历史较久的学科专业的校友资源开发与利用还需要进一步加强；煤建校中后期以及建院时期校友的联络工作也需要进一步加强，因为他们将是未来学校校友资源再生的强劲力量。二是校友资源综合性开发力度不够。校友资源是综合性的资源，目前校友资源的开发利用多集中在经济价值等最直接、最浅层的方面，而对于校友资源中的教育价值、思想价值以及产业价值，尤其是对教学、科研等方面的潜在价值的开发还没有形成相关的思想与措施。三是从校友工作主体来讲，各地校友是各个学院最直接的名牌，二级学院、专业是学校开展校友工作的主力军，校友联系与邀请直接反映了校友与“娘家”的感情。四是学校办学层次与办学水平提升困难。办学 40 多年来，建院人不断努力奋斗，学校的办学规模与实力不断提升。但是从办学层次来讲，我们依然是专科层次，从办学水平来讲，我们仍需要不断地努力。因而我们的校友在各自的工作岗位上需要付出更加辛苦的努力，来促进自身的成长。对校友而言，母校是他们情感回归与再教育的最佳选择。因而，学校应利用积聚的发展优势，不断奋发图强，努力提升办学层次与办学水平，尽快争取办成职教本科，实现学校办学体系、办学层次的突破，为广大校友创造一个更加美好的母校事业发展愿景。

(3) 影响校友工作的因素分析

第一是思想观念因素。思想是行动的先导，对行动起着决定性作用。高校校友资源的开发与利用，思想上的高度重视尤为重要。综观高校校友工作实践，对校友工作重要性的思想认识不足，存在种种困难与主观原因。如学校层面上，主要领导由于精力和分工原因，对于工作只是过过问、点点头，分管领导由于认识和能力问题，对于工作多是等汇报、靠推动；在中间层面上，部分部门、学院领导对于校友工作的开展是多事不如少事、有事不如无事，主动性和积极性的发挥依赖于行政指令、会议的推动，对于工作缺乏深入思考，人际化工作成分较大，科学性工作开展较少；在普通教职工层面，虽然有部分教师能够积极配合学校开展工作，但也有为数不少的教师对此不理解，认为是在教书育人职责以外，与己无关。工作中存在的这些问题都会不同程度地制约校友资源的开发与利用，使学校失去或浪费大量宝贵的校友资源。这种思想观念及意识认识不到位的现象是学校在以后的校友资源开发与利用工作中首先要克服的困难。只有充分认识到校友资源开发与利用的重要价值与现实意义，才能够积极主动地去开展工作，进行校友资源的开发与利用，这样也才能够以校友资源助推学校事业的发展。

第二是管理制度因素。制度是行动的保障，为行动的开展提供体制性依据。就高校校友资源开发与利用工作而言，这种制度环境主要包括外在客观制度和内在主观制度两个方面，对于校友工作的开展都有着很大的影响。就外部制度环境而言，主要是开展校友工作的组织合法性。无论是历史经验还是成熟实践，校友工作的开展主要是依托高校校友会。但是目前民政部明确表示各级各类学校不宜设立校友会，更不宜倡导成立、组织全国性校友会。这就使校友组织工作失去了组织合法性的依靠。但在制度实践过程中，作为代表政府管理的教育行政部门多是将其搁置一边，只是要求各学校要注意校友工作的社会安全效应。各高校在实际制度实践中除了先期注册成功的高校外，其他高校开展校友会工作的主要途径有两种，一是依托自身设置的学校教育发展基金会运作，二是依托高校校友研究会开展。在丧失宏观有利条件后，各高校也充分利用各种便利条件营造外部工作环境。学校内部主观制度环境对于校友资源的开发与利用更具有直接性的最强有力的调控与导向作用。学校管理制度与政策是围绕学校发展目标而制定的协调和规范内部所有成员行为的一系列规章的总和。就校友资源开发与利用这一工作而言，其制度客体不言自喻，而其主体则是学校所有的教职员工，而制度设定则是为了对校友工作过程中的行为进行控制、调整、激励和惩戒的预设性渠道。因而，它具有强烈的目的性、导向性、规范性、连续性和教育性。就目前学校校友工作开展的制度体系而言，其仍处在初创时期，工作的目的、工作的载体、工作的过程、工作的落实以及工作的反馈等诸多方面，都需要通过制度设定来激励大家的工作积极性。

第三是能力素质因素。这主要是指具体从事校友资源开发与利用的工作人员自身主客观素质。有学者在研究中指出，有高校将一些任教科目较少的一线教师编入校友会队伍，或增加其他行政部门人员的工作量。这些教师不仅承担了本职教学、行政工作的压力，科研项目、课题项目也会耗费他们大量的时间精力，因此对校友工作的管理往往心有余而力不足。一些高校选聘退居二线的领导干部，旨在充分发挥老干部、老教师在校友工作中的重要作用。然而，完全没有接触过校友会日常工作的老干部、老教师缺乏相关经验，对待校友工作的积极性不高。工作人员在联络校友方面态度消极被动，不会主动联系校友①。这很大程度上限制了校友会的发展，使校友工作陷入困境。这方面学校要借鉴其他高校开展此项工作的经验与教训，在选配领导与工作人员时一定要注意学习能力、协调能力、沟通能力等多方面的因素。

第四是物质技术因素。物质保障与技术支持是开展校友资源开发与利用的物质性保障，是保证工作良好运行的硬件。这主要包括两个方面：一个是工作物质环境，例如办公经费、办公机构、办公设备等等，都会直接影响校友资源开发与利用工作的数量与质量、效率与效果；另一个是信息技术条件，在现代信息化条件下，校友网站、校友数据库以及其他相关电子网络的建立与更新，都需要借助网络信息技术平台，可以说校友资源的开发与利用，信息技术也是一个至关重要的决定性因素。

第三节　开展校友工作的对策分析

校友资源的开发与利用是一个复杂的亚社会系统工程。这一复杂的系统工程主要依靠学校的主动性，不断拓宽工作思路，加大工作力度，挖掘工作深度，提升工作水平。主要来讲，要在三个方面不断加强：一是思想认识方面，要正确认识校友资源开发与利用工作的重要性，不断增强校友资源开发与利用工作的主动性，逐渐形成校友资源开发与利用工作的全员性；二是

① 吴文昕.高校校友会资源开发路径研究[D].镇江：江苏大学，2022：37－38.

组织建设方面，要建立并增强校友资源开发与利用专门机构与人员的工作能力，逐步配套学校二级校友工作机制，形成全校性工作机制，要完善并拓宽校友联谊会的桥梁纽带作用，逐步激活各地校友联谊分会的联络网点作用，努力形成校友工作的全网络覆盖；三是载体建设方面，要建立动态管理校友录、校友网等信息载体，通畅校友与母校、校友与校友之间的信息渠道，要充分利用好班庆、系(院)庆、校庆等校友聚会的活动载体，凝聚校友情感。

1. 思想认识方面

(1) 要正确认识到校友资源开发与利用工作的重要性

1998 年夏，江泽民总书记在清华大学、北京大学建设世界一流大学的报告上作重要批示："纵观历史，国际上的一流大学都是经过长期的建设形成的。固然要有政府的支持、资金的投入，但更重要的是学校领导、教师和学生长年累月辛勤奋斗的结果，特别是学生毕业以后，在国家各个建设岗位上乃至在国际上体现出公认的信誉。"学生是学校的名片，江泽民这一论断充分指出了毕业生(校友)对于高校社会公信力的重要影响。学校办学特色的凝聚、社会美誉的形成，无不体现于人才的培养以及社会对学校所培养人才的质检。而学生的自我奋斗与人生成长也就成为学校发展的无形资源。虽然说校友工作是以校友资源的开发与利用为功利性价值取向，但是对校友工作的开展、校友资源的开发与利用工作的重要性认识还需要进一步加强。这里面包括两个方面：一是对校友及校友资源本身价值的重要性认知，一是对校友工作以及校友资源开发与利用价值的重要性的认知。正如前文所述，校友主体是曾经在学校接受过教育或者工作的人士，而曾经在学校环境下积聚的资源经由校友在社会化环境下进一步消化、吸收、创新，形成更大的潜在的资源量。校友本身就是一种情感关系。从此种角度出发，依托于情感联络，校友资源也是一种非常重要的人脉资源。因而可以说，校友资源是学校事业发展的经济资源、信息资源、教育资源、思想资源、关系资源等等。校友工作尤其是校友资源的开发与利用也必然关系学校事业发展的大局。对于校友工作以及校友资源开发与利用的重要意义，依然需要在全校师生员工中进一步宣传，使全校师生员工增强意识。目前我校在校友资源开发与利用的重要意义宣讲方面仍需要进一步努力，如何把校庆之际的校友文化短时效价值转化为校友工作的长效价值，为学校事业发展提供源源不断的动力，仍是一个需要不断探索的课题。

(2) 不断增强校友资源开发与利用工作的主动性

校友资源是学校事业发展的重要资源，但是由于各个学校校友资源丰富程度的差异，以及校友工作开展的深入程度的差异，往往在校友资源的开发与利用上的差别比较大。究其原因，除对工作的重要性认识不到位，校友工作开展的主动性不够也是非常重要的一个方面。这也从某种程度上制约着一个学校校友资源开发与利用的深度与广度。要真正地把校友资源价值转化为学校事业发展的有价值资源，其转化渠道有通过平台搭建，主动寻求情感沟通，依赖情感需要，以校系友，以友助校。这种主动性可以理解为两个层次的内容：一是思想观念上的主动性。这主要表现为学校领导主动从思想上把校友资源的开发与利用纳入学校事业发展的重要资源库中，校友工作人员在思想上充分认识到校友工作的重要性。二是工作行动上的主动性。思想是行动的先导，而行动则是思想的落实。这一方面需要学校从制度、机构、人员、经费上予以一定的保障；另一方面，需要工作人员增强主动性，不能等靠要，主动加强与校友的联系，在资源开发与利用中促成校友情感的实现、自我情感价值的满足。目前我校在校友工作机构以及校友资源的开发与利用方面已经迈出了重要一步，但是如何让工作机制化、机构常态化，工作人员精强，工作经费有保障，增强工作人员的工作主动性，提高工作效率与效益，仍是一个需要不断探索的课题。

(3) 逐渐形成校友资源开发与利用工作的全员性

虽然说，在学校这个相对固定的教学空间里，具体而言，无论是教学客体还是教学主体，都是在不断地变化着的，但是也正是在这种不断的变化个体中，形成了具体的情感凝结与交流。随着岁月的流逝，校友对母校的情感印象可能是一堂课、一间教室、一间宿舍或者是某一位老师等非常具体的印迹。具体的情感联络和资源开发，不仅仅是学校领导和具体机构的工作人员需要考虑的事情，同样也是每位老师应尽的情感义务。因为在老师身上，凝结着每位校友对学校的情感烙印。在成立各地校友联谊会的过程中，我们工作人员感受最深的就是那些已经年过不惑的校友对于当年学校学习生活的点点滴滴的回忆，尤其是使他们终身受益的传授知识的老师具体的作业批改细节、课堂上的语言风貌以及严谨的教学态度，无不给他们日后的人生给予了巨大的帮助。这些校友在校庆返校时也尽心表达了对师恩的回忆，对母校的感谢。校友是一个巨大的资源群体，也是一个庞大的感情群落。校友工作仅靠一个机构或者说几个人员的努力是远远不够的，需要教师参与到此项工程中来，充分发挥广大师生员工在校友联络、感情服务中的智慧与力量，形成一个全员参与的校友工作局面。目前，学校全员参与校友工作的气氛还没有完成形成，在少数教师心中对于校友工作的重要意义也没有形成充分的认知。这需要在以后的工作中不断加强、改善、提高。在校大学生也是校友工作中的一支重要力量。他们现在是校友工作中的一支重要力量，未来是校友资源中的一股新生力量。因而要注重在校生校友意识的培养，将校友工作的关口前移。借鉴其他高校的做法，学校可以营造浓郁的校友文化，通过物质或精神的校友情怀展示，让在校生感受到校友对学校的重要意义，让在校生感受到校友对母校深厚的情感，从而培养在校生的爱校意识；可以通过志愿者等形式让在校生参与到校友活动中来，让在校生参与到毕业校友信息收集工作中，在活动中理解母校情深，感谢母校的培养。

2. 组织建设方面

(1) 高校校友工作组织概况

校友资源的开发与利用是一项组织程序比较严密的系统工作，需要建立较完善的网络化组织机制来保障工作的正常开展。校友情感的联络需要依托组织渠道与工作网络，在学校内部要能够形成从学校到院系部再到教职工的全校性工作机制，在学校外部要能够依托校友联谊会形成校友工作的全网络覆盖。因而从学校工作角度出发，需要建立专门从事校友工作的机构，从校友工作角度出发，学校则应倡导成立校友联谊会。而在这个网络化组织体系中，联络母校与校友、连接学校内外的关键节点的就是校友联谊会及其日常办事机构(图 5－6)。

我国现有高等院校 3 000 多所，校友工作开展的模式与方法也各有千秋，但从校友感情的联络工作来讲，多数是通过建立校友联谊会来开展的。校友联谊会是相对独立的群众自治组织，它是有着共同教育环境及工作背

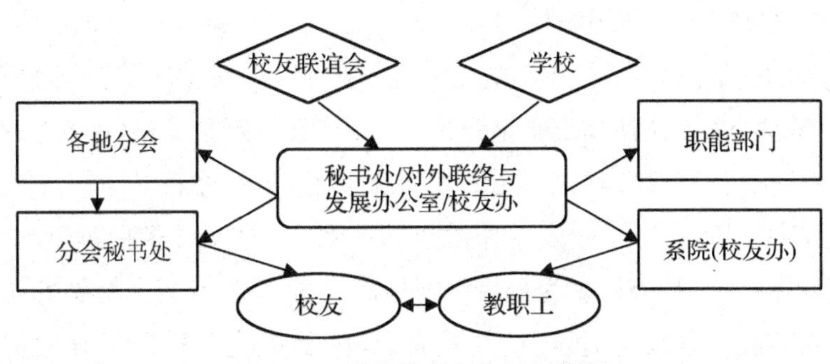

图 5-6 学校校友工作组织体系

景的校友情感与信息等资源交流的平台,因而它在具体的工作中充当了校友资源开发利用的组织者、谋划者和实施者的主要角色,承担了大量的任务和职能。因此,开发与利用高校校友资源,应当充分重视校友联谊会的作用,加强校友联谊会的建设,为校友资源的开发与利用提供有力的组织保障。从目前众多高校校友联谊会章程来看,校友联谊会虽说是独立的校友组织,但是其一般都设立在高校里,主要原因有两个:一方面母校是各位校友的精神家园,这里有着他们诸多的母校情思;另一方面,设置在学校,也是为了更好地贴近工作目的,更有利于促进工作的开展。因此从管理角度来讲,校友联谊会日常工作本身与学校的组织关系就会存在两种形式:一种是独立形态,在学校内部有着自己独立的日常工作专职机构与人员,但是专职人员从身份关系来讲,依然是学校工作人员;另外一种则直接是从属化管理,即在学校有关职能部门(如校办、发展规划处或者对外联络与发展处等)下设校友联谊会相关日常工作机构,具体负责校友联谊会的相关工作,人员亦专亦兼。这两种形式各有利弊。独立形态的日常办事机构相对而言能够专注于校友事务的处理、校友资源的联络与开发,而且能够协调母校与校友、学校内部各个机构之间的校友工作关系,但是由于相对独立于学校事业中心外,因而也会因边缘化而产生一种游离的状态。从属管理模式下,日常办事机构不能够独立处理校友事务,而且经常会受学校事业中心的影响,或者多多少少忽略了校友工作自身的特点,或者也会由于某些原因产生功利性行为,影响校友资源的发展。目前国内多数高校采用的是从属管理模式,而且在工作人员的配置上不到位,工作人员的素质也需要进一步提升。

(2) 学校校友工作组织机构

笔者所在学校校友联谊工作借助学校建校 30 周年庆的筹备而不断加深,先后成立 32 家各地校友联谊分会,校友联谊总会也于 2008 年 6 月 14 日正式成立。在各地校友联谊分会的大力支持下,学校建校 30 周年庆也开展得非常成功。通过校庆,校友工作框架基本确定,为校友资源的开发与利用提供了良好的组织基础,也为日后校友组织发展提供了两个发展方向:其一是校友联谊会与学校沟通、与校友联络,具体承担校友资源的开发与利用;其二是具体深入全国各地,承担校友资源开拓工作,以及为学校事业发展提供外围帮助的各地校友联谊分会的建设工作。

对于校友联谊会日常办事机构,目前各高校设置方式不一,职责也不尽一致。如有高校在对外联络与发展办公室下设校友工作科,该工作科既可以作为学校校友联谊会的具体工作部门,负责校友联谊会的日常事务,也可以把学校教育发展基金会的具体管理事宜纳入工作范围,负责对外承接校友及社会友好人士及单位的钱款物什的支持,还可以作为学校与校友资源的第一线接触机构,具体负责校友资源对学校人才培养、教学科研、技术服务、员工培训、实习就业以及校企合作等学校事业发展的支持与互惠发展。在这种从属管理模式下,第一要尊重校友工作独立地位的重要性,充分考虑到校友联谊会日常工作机构的地位问题,围绕学校中心工作开展校友工作,但也不能因其他工作冲淡自身工作主题。第二要符合学校机构改革与事业发展的需要。随着学校事业不断扩大发展,对外合作与交流力度也将不断加大。既有送出国门的培训,也有引进来的师资培训,还有社会、企事业的合作交流,与校友的合作也应当是未来需要开拓的新领域。但是此项功能却散于数个部门中,如师资培训中心、校企合作办、对外联络与发展办公室等。因而从机构功能与部门设置角度来讲,需要进行功能整合、机构调整。在具体工作中,要借鉴目前高校相关工作经验教训,保证校友工作机构的相对独立性,同样也可以通过与其他部门及科室的工作沟通和相互了解,促进校友资源的开发与利用。第三是校友工作自身发展的需要。把学校校友工作机构与校友联谊会日常工作机构合二为一,简化工作组织程序,增强工作目的效果,有利于迅速从学校获得发展指导与信息资源,增强校友联谊会在校友中的组织吸引力和情感凝聚力，更加充分地发挥其桥梁和纽带的作用。

机构工作人员的选配也直接关系校友资源开发与利用的效果。首先要保证工作人员的数量。校友资源的开发与利用是一项没有边际的工作，内容复杂、关系众多，需要较多的工作人手。当然从我校的工作实际出发，可以建立一支专兼结合的校友工作队伍。从机制上讲，2 名专职工作人员较为合适，同时根据工作情况在各系部落实兼职校友工作人员，以保证上下一条线，工作不走样。其次要保证工作人员的素养。校友联谊会不是养老会，需要的是有较高工作素质与能力的人员。因此选配的人员要有较好的理论素养，能够把握国家有关高等教育的方针政策以及校友工作的相关规定；要有较好的学习能力，能够充分研究校友工作具体规律，及时学习相关研究成果，把握职业教育的内涵以及学校发展重点与发展需求；要有较好的心理素质，能够热情对待工作，细心对待校友，在工作中让校友感受到母校的热情；要有一定的组织协调能力，校友工作的开展往往涉及多个部门多个方面，这就需要工作人员能够及时沟通协调好工作，联络相关部门协调相关人员，保障工作的及时开展。最后要保障工作开展的硬件条件。由于校友工作是长期的、隐性的，获得工作效果需要长期的投入与培养，因而在实际工作过程中存在被忽视或淡化的倾向，工作条件不能及时具备，相关条件配置也相对滞后，这将严重影响工作的开展，因而要保障工作的硬件设施，办公条件要现代化，这也是对外开展工作的基本要求与基本保障。

（3）各地分会组织建设

各地校友联谊分会是我们校友工作网络体系散在全国各地的工作基站。各地校友联谊分会的建设是整个校友联谊会工作的前提和基础，也是学校改善外部关系、开发与利用校友资源、全方位对外开拓工作的重要组成部分。对于已经成立的地方分会，校友联谊会要加强指导与联系，进一步完善其领导机构，帮助开展活动，积极寻找新的校友信息与资源，扩大分会的代表性与广泛性。对于校友资源丰富但尚未成立分会的地方，要加强策划，积极了解和沟通，寻找有热情、有能力的校友，积极沟通，组建分会。地方校友联谊分会在校友资源的开发与利用过程中起着重要的作用，通过地方校友联谊分会与母校校友联谊总会的联动，发动广大校友与母校保持联系，参与母校的发展，同时为自身发展获得母校的帮助，都将推动校友资源的开发与利用。

对外，我们需要不断加强校友联谊会的组织建设，同样，对内我们也要加强校友工作机制的建设。校友工作不是某个部门某个人的业务，而应当是全校的大事，除了在思想上给予重视以外，关键是要组建全校性的校友工作组织体系。学校曾结合国家示范性高职院校建设的需要，在借鉴兄弟院校成功经验的基础上，以专业建设为依托，推进院系改革，落实二级管理体制，激活各系部办学活力，成为办学实体，形成学校事业发展的新格局。校友对母校的情感也正是缘于在母校的专业学习为他们自身以后人生路做出的最原始的积累。因而可以说，校友资源对于院系专业建设是非常有效的资源，尤其是对于矿建、建筑等老牌专业和院系来说，校友资源更是非常丰富。因而与之相配套，校友资源的开发与利用也应当非常注重院系专业力量。在学校设置校友工作日常机构的同时，也要考虑建设相对稳定的兼职工作队伍。无论是从专业建设还是情感发展来讲，院系都是校友资源开发与利用的最终受益者，其规模大小也充分反映了院系校友发展的力量。校友工作的落脚点在院系、在专业。因而院系也应当是校友资源开发与利用的主体，从该角度来讲，学校层面的校友工作机构的职责主要是学校校友资源开发与利用的总规划、协调与促进，院系应当具体负责和承担相关校友资源的联络、开发、利用以及互惠发展。院系领导应当积极承担具体工作的领导责任，从思想上给予重视，高度重视与宣讲校友资源开发与利用工作对本系部事业发展的重要意义，充分动员本单位教职工尤其是教龄较长的教职工主动探测校友资源的能量，并同时安排专人负责校友信息的收集、联络，传达母校及院系事业发展情况，及时表达合作意愿，主动出击，促成合作，互惠发展，从真正意义上形成校友资源开发与利用工作的二级网络体系。

3. 载体建设方面

要建立并动态管理校友录、校友网等信息载体，通畅校友与母校、校友与校友之间的信息渠道，要充分利用好班庆、院(系)庆、校庆等校友聚会的活动载体，凝聚校友情感。

(1) 信息载体建设

信息是校友工作的基础，它主要是由学校信息、校友信息两大主体组成。因而信息载体建设主要是为了更加便利地促进两大信息主体之间的交流，这既是增进校友对母校的情感基础，也是学校进一步获得校友资源的重要来源。一般意义上，校友工作的信息载体主要是“一会一书一网”，通过校友会、校友网以及校友会通讯刊物等来传达母校的发展、校友的发展信息。例如，学校在建校 30 周年校庆系列活动过程中，校友联谊会及各地分会的策划、联络和组织工作为校庆的成功举办做出了重要的贡献。通过校友网上精心设置的栏目，校友可以及时浏览学校近期发展趋向，分享学校所获得的发展成就。校友通讯刊物可以定期传播学校信息，介绍校友发展历程，融合学校与校友的发展历程，在与校友共享学校发展成果的同时，也可以保存学校与校友的发展历史。校友通讯录主要是记载历届校友专业、班级、联系地址与联系方式等详细信息，这是学校与校友、校友与校友之间最有效的联系渠道。这项工作在以后还要继续组织力量充实完善，并通过一定的技术手段让校友通讯录能够安全地实现网络检索功能，让更多的校友以更加方便的形式获得相关校友的信息，更新相关校友信息，让学校能够以更加有效的技术手段获得更多的校友资源信息。

（2）活动载体建设

校友工作主要是通过活动来完成的，是校友资源的开发与利用最为重要的平台。通过活动的开发，可以最有效地促进学校与校友、校友与校友之间的交流和沟通，凝聚和增强校友与学校之间的感情，更好地吸纳校友资源，助推学校事业的发展。从活动规模来讲，可以是全校性的，如学校建校 30 周年系列庆祝活动，吸引了来自全国各地约 2 100 名校友参加；也可以是以专业、年级或者是班级为单位的活动，如院庆、班庆或者是专业毕业周年聚会等等。从活动主题来讲，有具有纪念意义的活动，如班庆、院庆、校庆等；有捐资助学活动，如校友或校友企业冠名奖学金基金的成立；有具有文化意义的活动，如学校泰安校友联谊会捐赠孔子塑像；有提供教学条件的活动，如王凯校友捐建凯达大学生商务实训中心；有参加学校建设的活动，如孙利亚校友捐建利亚楼、三技校时期校友捐建八一广场。从活动方向来看，校友经常性回母校看看，参加母校的各项活动，感悟母校情怀，为母校事业发展做出自己力所能及的贡献；学校领导和老师也应当在合适的时机主动出去，看看校友，让校友感受到母校的关怀，增进校友与母校的情感。可以说，各种类型活动的开展，对于校友而言，满足了忆往追昔的心理情感需要，凝聚了广大校友的爱校热情，增加了校友对母校的情感认同，进一步夯实了校友资源开发与利用的基础；对于学校而言，可以进一步更新校友信息，掌握校友资源信息，配合学校事业的发展，全面谋划校友资源的开发与利用。

活动的开展既可以追忆母校情怀，也可以抒发将来的美好寄愿。这主要体现在我们对待校友资源要使用发展的眼光，开发与培养相结合，利用与反哺相结合，从而使得校友资源生生不息、永葆活力。因而学校也要经常性开展关怀校友发展的活动，这主要体现在三个方面：一是对校友生涯发展的关怀，这主要包括对校友学历提升与技术培训等发展性需求的满足。学校应当依托优势专业以及继续教育学院对校友的发展性需求提供优惠服务。二是对校友生活性发展的关爱，这主要是包括通过日常校友联系工作的开展，多多关注校友生活中发展的大事，让校友感觉到母校温暖如春，无时不在。三是对在校生校友意识的培养，目前广大在校生也是学校明日庞大的校友群体，所以说应当以生为本，真正让学生感受到学校、班级就是他们的另一个家。

目前校友资源的开发与利用已经逐渐成为各个高校日益重视的工作。无论是理论研究，还是工作实践，都已经取得了很大的进步。但是如何形成有效的工作体制，采取有效的措施，进一步发掘和利用校友资源，为学校事业发展服务，为校友事业发展服务，仍是高等教育非常重要的研究课题。学校校友资源的开发与利用工作，仍需要进一步借鉴其他高校的成功经验与成熟做法，探索建立本校的校友工作体系与网络，认真分析所面临的机遇与挑战，充分发掘和利用校友资源，为学校事业发展服务，为广大校友服务，使得校友工作开创新局面。

第六章

坚持项目式引领，建设高水平文化社区

高职院校文化的形成是一个不断凝聚发展的过程，随着学校事业的不断发展与特色技能人才的不断培养，这又是一个螺旋上升的过程。在笔者看来，这种文化积淀的主要表现有两种，沉积式或引领式的文化发展。前者主要是指伴随着院校校本发展过程所形成的各有特色的文化，既可以是体现不同发展阶段的特殊文化的延续与传承，如学校军校时期、中专校时期和高职校时期分别凝聚形成的军校文化、煤炭文化和建筑文化；也可以是体现长期以来高职院校服务行业形成的特殊文化符号象征，如浙江金融职业学院鲜明的金融文化、山东商业职业技术学院的商文化等；还可以是在长期服务区域发展过程中形成的鲜明的区域文化，如延安职业技术学院对红色文化延安精神的宣传推广、湖州职业技术学院对国粹京剧文化的传承发扬、江苏电子信息职业学院充分利用信息技术对大运河文化的研究和宣传。后者则是通过系列项目建设进行引领。近 20 年来经过规模扩张、内涵深化和转型跨越，高职教育为我国高等教育普及化发展奠定了坚实的物质基础，为社会发展提供了大量技术技能人才。供给技能人才是高职教育文化建设的最根本任务。尤其是当前我国经济已进入转型升级期，正全力由中国制造走向中国智造，这更需要高职教育有更大作为，在职业技能传承、工匠精神塑造等方面为更多年轻人搭建出彩人生的平台。在尊重职业教育内在规律的同时，我们不断通过项目化建设，更好地引领并增强高职教育的适应性、有效性，在推动形成中国特色职教模式的同时，也推进高职教育特色化、差异化、层次化发展，这本身便是形成高职院校文化差异化、多样化发展的重要方式。

第一节　项目式引领文化建设的历史分析

高职教育是一种跨界的职业教育，需要学校与产业行业在协同互动中共同实施。双方在协同互动中的不同地位与作用形成了高职教育不同的发展模式。这种发展模式差异的形成，既有历史文化源流不同的原因，也有现实驱动发展的因素。职业教育，实际上是一种生活教育，这一朴素的理想旨在让受教之人首先获得生存技能，而后在特定社会环境中拥有生活技能，进而具有寻求个人出彩人生的能力。这也脱离不了特定的社会历史环境和经济发展形态的影响。无论是前工业社会时期的传统学徒制、工业社会时期的标准式学校教育，抑或是后工业社会的定制式教育，在技能传授过程中总是蕴含着特定行业文化、职业素养等文化教育，同时也是国家政治道德与社会责任意识呈现的途径。从该角度来讲，职业教育的历史发展，本身便蕴含着对特殊意识形态、特定行业文化与一般职业素养等文化内涵的传授解释、传承延续。而这种传授传承，虽在不同社会历史时期有着不同的表现，但职业教育作为社会经济发展的技术基础，在缓慢的自我发展中，通过政府的项目化行为得以推进，也是不同形态职业教育发展的重要手段。

1. 项目式引领文化建设的必要性

职业教育从传统向现代演进的过程中充分反映了这种项目式推进引领的必要性。长期以来，在生产劳动中，“职业教育的历史就是人类努力学习如何劳动的历史”①。从历史来看，传统的古代社会，由于职业流动性很低，多是子承父业式的工匠作坊，在传统低下的经济形态下自发传承技能与匠业文化，这种家庭或作坊式的技能传承不仅是技术也是职业文化的自发传承与自我约束。无论是古希腊的工匠训练、古罗马的学徒契约还是古埃及的学徒合同，“不仅铁匠、木匠、鞋匠，就连书记员、雄辩家、律师和医生也都不同程度地依靠它来培养，成为当时主要的职业教育形式”②。

---

① 罗伯茨.职业教育的起源[J].教育研究通讯，1983(17).

② 贺国庆，朱文富，等.外国职业教育通史：上卷[M].北京：人民教育出版社，2014：8.

随着城市的发展，这种源于血缘关系或家庭式的技能文化传承方式受到已萌芽的市场因素的破坏，城市商品经济的发展突破了传统手工作坊的供给能力，行业间通过契约或合同的方式规约行业技能传授、职业素养形成、基本知识学习甚至学徒的社会交往生活等。学徒要全面掌握一项行业工作技能，必须了解自己从事的职业、行业，师傅需要从职业实践组织教育内容，从岗位技能到行业规范，从读算说写到道德规范等，通过一体化教育让学徒在合约时间内掌握行业技能与城市生活能力。"契约式学徒训练开始与行会组织结合共生，并在行会管理下发展为全行业的公共事业，逐渐完成了从私人习惯到具有公共性质的社会化制度的转变。"欧洲中世纪宗教改革运动之后，行会对学徒制的控制力逐渐削弱，世俗的国家政治权力则开始渗透市场生活，通过项目式立法活动，对传统学徒制进行干预，如英国《工匠、徒弟法》《济贫法》的出台。"即使近代之后，当行会逐渐衰落并丧失对学徒制的控制时，国家仍以立法的形式进行干预调控，以保证其接受公共监督的义务性质的教育形式，这种公共管理的特性成为其制度化的重要保证。"[①]

2. 项目式引领文化建设的重要意义

学校介入职业技术人才培养后，国家政治体系在项目化推进特色职业教育体系发展中发挥了更大的作用。德国职业教育体系堪称稳定的典范，双元制被视为德国制造享誉全球的秘密武器，也是世界各国效仿的对象。但德国职业技能培训体系"并不是完整一块一下子被全部创立起来的"，而是"通过连续不断的修复而层层演化而成的"[②]。德国近代工业化期间，不同政治派别对工会力量的争取、传统手工业与现代工业对技能标准制定权的争夺、雇主与雇员的利益协商问题、校企双方的相关责任以及政府的立法责任、市场的社会保护作用，都是德国双元制在历史变迁中逐步形成的重要条件。

以移民立国的美国，早期技能主要依靠移民输入和学徒制培养，但随着

---

① 贺国庆，朱文富，著. 外国职业教育通史：上卷[M]. 北京：人民教育出版社，2014：25.

② [美]西伦. 制度是如何演化的：德国、英国、美国和日本的技能政治经济学[M]. 上海：上海人民出版社，2010：36.

工业革命和生产技术的进步，联邦政府通过授地法案，促进职业学校的建立发展，培养一般性技能人才。企业应用泰勒的科学管理理论，“更加坚定地执行理性化战略，重组生产程序，采用批量生产，用机器替代工人技能，以减少对工人的依赖”①。再如俄罗斯，联邦行政机构鼓励创建地方职业中心与新的职业培训项目。2013年，俄罗斯战略规划机构（Agency for Strategic Initiatives，ASI）宣布了一个旨在鼓励企业与职业院校紧密合作的地方试点竞赛项目。具体来说，ASI希望通过竞赛这种激励性举措来推动职业教育双元制体系的建立，目的在于鼓励地方企业与学校之间培育合作关系，促进企业在此关系中承担大部分培训成本②。

新中国成立以来，尤其是改革开放以来，我国职业教育发展一直在资源禀赋由国家及地方政府行政拨付的项目制竞赛下发展，如21世纪初推进的国家示范性高职院校建设、国家骨干高职院校建设以及当下正推进的中国特色高水平高职学校和专业建设，以这些项目制方式引领高职教育从粗放型增长到质量型发展，以期形成中国特色的现代职教体系与职教文化品牌。“高职教育项目制治理就是指为了实现高等职业教育发展目标，政府机关、高职院校协同各类社会组织、利益群体和公民个体，以项目化的运作机制，共同管理教育公共事务的过程”③。

但项目制具体实施过程也遭遇了一些现实困境，如项目异化与依赖、举办者与主办院校之间的矛盾、政府主导与社会参与不足等问题。以“国家示范性高等职业院校建设计划”为例，这是我国政府投入巨额资金改革高等职业教育人才培养模式的一项重大举措。但国家示范性高职院校是否引领了周边其他院校的发展？是否在一定区域内发挥了积极的辐射作用？有学者基于2016年的全国高等职业院校质量年报等数据，在测量普通院校与示范性院校空间距离的基础上，研究认为示范性院校的邻近院校和非邻近院校

① ASHTON D N, GREEN F. Education, Training and the Global Economy[M]. London: Edward Elgar Publishing Limited, 1996.

② 雷明顿. 职业教育与培训中的企业—政府合作：俄罗斯的“双元制”教育实验[J]. 北京大学教育评论，2016(7)：34-67.

③ 胡方霞. 高职项目制治理：价值、困境与路径[J]. 职教论坛，2017(1)：41-47.

的毕业生就业率和起薪不存在显著差异。此外,示范性院校的期次和示范性院校的数量均未显著影响周边普通院校毕业生就业情况,在高等职业教育领域,以示范性院校建设来带动整体质量提升的机制仍需进一步调整和完善①。

学校职业教育强调教育性,而对人才培养的市场适应性相对不足,对市场主体的吸引性与参与度不足。通过项目式实施,在充分发挥政府对资源的宏观调控与区域集聚政策效应的同时,通过政策工具的综合使用,最大限度地吸引市场力量参与到职教事业中来,提高职业教育人才培养的适应性、职教文化的影响力和社会吸引力。

第二节 项目式引领文化建设的实践分析

从各国现代职教事业发展实践来看,我国应如何促进职业教育发展,满足与经济发展相适应的技能人才需求,实现最大的社会公平与充分就业?面对欧洲后发资本强国的兴起,英国国内形成了对国家衰落原因的深入思考,对传统学徒制进行改造,大力推进现代学徒制,开展青年培训计划项目,倡导推进国家资历框架项目建设,以图不断提升劳动者尤其是青年劳动力技能水平,从而提升就业率。但由于英国弥漫着新自由主义的味道,信奉市场自由行为,把职业教育视为"差生教育",追求学历教育,企业和社会推崇学历消费,传统经济发展过程中未能打破低技能均衡状态,劳动技能提升方面仍未形成良好的社会文化追求。

就整个欧洲而言,无论是《里斯本宣言》还是"博洛尼亚进程",都强调面向未来追求高质量的欧洲教育,强调充分就业与更大的公平;就职业教育与培训而言,倡导各成员在欧洲资历框架基础上建立起可迁移、具备适应性的职教体系,但在项目化推进过程中,由于各国对职业教育的认可度与信任度不一致,因此在具体项目开展与引领上的作用发挥也不一致。20 世纪 70 年

① 刘云波.国家示范性高职院校带动周边院校发展了吗[J].北京大学教育评论,2019(7):41-62.

代以后，东南亚地区承接全球产业转移，以制造业发展为先导，日本、韩国、新加坡等国家经济迅速发展，各自也形成了各有特色的职业教育体系。例如新加坡自20世纪70年代开始，通过制定教育、金融、培训、税收等相关政策，全力支持职业教育，形成了“教学工厂”模式，为产业迅猛发展提供劳动技能人才。我国也曾组织职教学界的大批专家学者以及工作者赴新加坡南洋理工学院(Nanyang Polytechnic，NYP)学习取经，尝试把新加坡模式中的特色文化因子融入我国职业教育具体实践中。

进入新世纪以来，我国面临经济结构转型升级的压力，既有由传统制造走向制造强国的压力，更有“互联网+”下新型经济发展业态的动力，这些都对人力资源强国建设提出更高的要求。一方面，既要解决技能荒、民工荒等基础性人才缺乏技能提升的通道问题；另一方面，也要提供中国智造所需要的高层次技术技能人才，并让不同层次的人才都能够获得出彩的机会。这就对学校职业教育提出了更多使命与要求。作为与其高等教育同等重要的教育类型，职业教育在发展新阶段承担了重要的技能人才培养任务。作为职业教育的主要举办者，中央和地方政府通过项目制不断提升职业教育的质量，不断提升职业教育的文化影响力与社会吸引力。这主要体现在以下几个方面：① 法律法规的修订出台。《职业教育法》的修订，教育部等六部门印发的《职业学校校企合作促进办法》等，进一步明确职业教育法律依归与办学主体责任义务与办学行为规范。② 职业教育事业深化改革的顶层设计。继国务院发布《国家职业教育改革实施方案》之后，中共中央办公厅、国务院办公厅又印发《关于推动现代职业教育高质量发展的意见》，为我国现代职业教育深化改革追求高质量发展筑牢了四梁八柱。③ 促进职业教育内涵式发展的政策项目不断落地。中国特色高水平高职学校和专业建设计划已完成中期验收，高职扩招项目持续推进，提质培优项目纷纷推进，这些项目的落地实施为经济社会转型发展提供了技术技能人才，提升了职业教育的社会认可度。

近年来国家发布了两份大力推动职业教育发展的政策文件。一是追求职教事业高质量发展的“新职教二十条”；另一份是人社部发文要求事业单位招聘不得限制毕业院校，职校生也能考事业单位。前一份文件是从国家宏观层面通过系列政策资源供给推动职业教育培养更多高素质技术技能人才，以更好地服务于经济转型升级发展；而后一个文件是从个体微观层面为技术技能人才追求美好生活、实现出彩人生提供更多的成长通道。这两者之间的联结点则是技术技能人才的培养。换个角度来看，个体技能的形成支撑起经济社会发展的大厦，也是实现个体全面发展的依托。因此，技能的形成不仅蕴藏着巨大的资本力量，更是经济发展的核心要素。这可以从国内外两种历史环境的变迁中找寻出演化规律。

在传统计划经济时代，教育也是主要依靠师徒相承的方式完成。改革开放尤其是国企改革之后，主要是依托市场供应，职业教育责任落实到学校集中式的教育中。职业教育本义就是让学员做好就业之准备。但很长时间，我们这种教育采取的学科式的教育、知识生产经验的传授方式，并没有充分反映行业企业的市场需要、生产生活的技能需求。职业教育作为一种类型教育，与学科式知识教育有着质的差别，它不强调学科知识生产的课堂压缩或截取，更强调基于职业过程或者生产过程的技术需求，对学科式知识经验进行打碎重组，有时甚至是跨学科的再造。有学者说，我们职业教育是跨界的、融合的，实质上应是一种回归，从学校教育的本源回到生产生活的本真。

由于新时代发展的急需破解技能荒，对于职业教育，近十年来我们投入了更多的关注与资源，政策工具密集使用，资源项目锦标赛式推进，都是想进一步推进职业教育提质增效，从而为经济社会发展提供更多优质技能人才。但这里面，需要我们稳政策，政策资源的供给应当稳定一致，例如，中国特色学徒制度、现代学徒制、企业新型学徒制之间的关系如何理解；稳市场，市场也是职业教育的主体元素之一，但如何至少在行业内部一致达到与企业之间的可信承诺，而不是“搭便车”；稳教学，行动过程导向、成果导向、项目式、情境法等，各种教学模式扑面而来，无所适从，究竟哪个“药方”管用，可能还是应想方设法激励一线教师走出课堂、走进厂房，学会在理实一体、工学结合中培养优质人才，这才是我们职教人当前最紧要的技能修炼。

此处我们可以从现代学徒制和教学工厂的项目式推进情况，来分析我们职业教育发展与职教文化传播传承情况。

1. 现代学徒制的实践困境与对策

现代学徒制,作为一种"跨界"的职业教育制度设计,最根本的功能是培养服务社会经济发展、适应真实生产岗位的技术技能人才,这需要职业教育相关方如政府、学校、企业、行业、学生及家长等均有效参与和融入,形成有效协同育人的职业教育模式。这一模式的关键是形成不同参与主体间的相互合作、协同治理。对于现代学徒制的协同推进与治理实践,需要从理论阐析、实践困境和发展对策三个方面来分析。

(1) 有关理论阐析

治理,原意是控制、操纵和引导,指涉及国家公共事务相关的管理活动或者政治活动。自 1989 年世界银行首次使用治理危机一词以后,治理就开始被广泛地应用于政治发展之中。罗西瑙在区分统治与治理区别时指出,治理既包括政府机制,同时也包含非正式、非政府的机制,随着治理范围的扩大,各色人等和各类组织得以借助这些机制满足各自的需要,并实现各自的愿望①。而罗茨则认为治理是一种新的管理过程,或者一种改变了的有序统治状态,或者一种新的管理社会的方式。他还列举了六种治理类型:作为最小国家的治理、作为公司治理的治理、作为新公共管理的治理、作为"善治"的管理、作为社会—控制系统的治理、作为自组织网络的治理②。在对治理特征的分析中,他认为治理需要各种行为体的协同合作。治理理论自 20 世纪 90 年代传入国内产生了广泛的影响,许多学者进行了本土化的论述。俞可平认为,治理一词的基本含义是指官方的或民间的公共管理组织在一个既定的范围内运用公共权威维持秩序,满足公众的需要。治理的目的是在各种不同的制度关系中运用权力去引导、控制和规范公民的各种活动,以最大限度地增进公共利益③。陈振明在对全球化及全球治理问题进行分析后,将庞杂的治理理论研究途径集中地阐述为政府管理、公民社会、合作网络三种途径,并提出治理就是对合作网络的管理,又可称为网络管理或网络

① [美]罗西瑙.没有政府的治理[M].南昌:江西人民出版社,2001:45.
② [英]罗茨.新的治理[J].马克思主义与现实,1999(5):42-48.
③ 俞可平.全球治理引论[J].马克思主义与现实,2002(1):20-32.

治理，指的是为了实现与增进公共利益，政府部门和非政府部门（私营部门、第三部门或公民个人）等众多公共行动主体彼此合作，在相互依存的环境中分享公共权力，共同管理公共事务的过程①。正是在对治理理论的不断探讨中，我们发现治理的对象是一个纷繁复杂的开放系统，具有多元化的行为主体，而治理的目标则是形成相对稳定的系统秩序，实现系统中公共利益的最大化。但随着治理理论研究的逐步深入，治理理论内部也产生了学术纷争。

如何在开放的社会系统中形成有效的治理结构与社会秩序？在公共管理领域，在处理政府与非政府组织之间的关系实践中，逐步形成了协同治理这一概念，来指代跨部门协同合作。协同治理理论是一种新兴的理论，它是自然科学中的协同论和社会科学中的治理理论的交叉理论，对社会系统协同发展有着较强的解释力②。随着公共行政理论的发展，协同理念逐渐被应用到治理理论中，用来平息治理理论的内部争论，并在此基础上形成了一种崭新的治理形态，即协同治理③。其特征是强调治理主体的多元化、子系统的协同性、自组织间的协同、共同规则的制定④。亦有学者将其特征归纳为公共性（解决公共问题）、（主体）多元性、互动性、（规范）正式性、（政府）主导性、动态性六个方面⑤。

学徒制有着从传统到现代的发展演变过程，它从产生到发展一直与生产力的发展与技术变革相关联。从自然经济条件下原子化家庭内部的“父子相承”到行会组织下严格控制的师徒相授，再到现代市场条件下的技术传承，学界一直认为学徒制一开始便是职业教育。沿着历史的脉络，以学徒制形态的变化为主要依据，将学徒制的历史分为前学徒制、手工业行会学徒制、国家干预行会学徒制、集体商议的工业学徒制以及现代学徒制五个阶段⑥。

---

① 陈振明. 公共管理学：一种不同于传统行政学的研究途径[M]. 2 版. 北京：中国人民大学出版社，2003：87.

② 李汉卿. 协同治理理论探析[J]. 理论月刊，2014(1)：138－142.

③ 孙萍，闫亭豫. 我国协同治理理论研究述评[J]. 理论月刊，2013(3)：107－112.

④ 同②.

⑤ 田培杰. 协同治理概念考辨[J]. 上海大学学报(社会科学版)，2014，31(1)：124－140.

⑥ 关晶. 西方学徒制研究：兼论对我国职业教育的借鉴[D]. 上海：华东师范大学，2010：19.

现代学徒制亦是源于传统学徒制，最根本性的特征变化是由看不见的手自发调节转为看得见的手自觉调控，通过政策调控为经济的发展提供技能人才，进而维护经济社会发展的稳定。这一调整主要是为了应对战后尤其是欧洲地区面临经济转型升级与技能人才缺乏的突出矛盾。因而自20世纪60年代开始，西方主要市场经济体都开始了学徒制的现代化变革之路。其中最有典型代表意义的便是德国双元制。英国自1993年也开始了现代学徒制的变革。从总体而言，西方社会的现代学徒制大体上可以分为两类。斯蒂德曼(Steedman)基于雇主主动参与现代学徒制的责任感和热情角度，分为需求引导型和供给引导型两类。需求引导型主要集中在具有重视职业教育与培训传统的北欧国家，以德国双元制为代表，国家政策立法比较完善，校企职责分工明确，行会企业主动性强，在现代学徒制实施中发挥着重要作用，供给引导型主要集中在传统上重视普通教育，职业教育地位相对较低的西方国家，典型代表是英国新学徒制，主要源自国家的大力推动和改革，企业参与意愿相对较低①。我国的研究者也从现代学徒制的主导者角度将其分为政府主导型、企业主导型和全日制学校主导型三种类型②。

现代学徒制实质上是职业教育主动适应经济社会发展需求的产物，是指在现代市场条件下，通过国家政府的政策资源条件，将传统的学徒制精神与现代职业教育发展需要相结合，将传统的学徒培训方式与现代学校教育有机结合，由学校与企业共同培养技术技能人才的职业教育制度设计或职业教育形式。与传统学徒制相比较，现代学徒制突出四“双”特征，即：校企双主体教育培训、学生与学徒双身份、学校和企业双环境、教师和师傅双主体等。

(2) 我国现代学徒制的实践困境

综合世界职业教育先进的人才培养模式来看，职业教育要适应现代经济社会的发展，努力构建政府、学校、行业企业以及学生、家长等社会支持体

---

① STEEDMAN H. Apprenticeship in Europe: Fading, or Flourishing? [R]. London: Centre for Economic Performance, London School of Economics and Political Science, 2005.

② 胡秀锦. “现代学徒制”人才培养模式研究[J]. 河北师范大学学报(教育科学版), 2009, 11(3): 97-103.

系的多方合作、协同治理的职业教育形式。目前国际上较成熟的职业教育模式主要有德国双元制、英国新学徒制、澳大利亚 TAFE 模式等。我国 2014 年 5 月发布的《国务院关于加快发展现代职业教育的决定》中提出"开展校企联合招生、联合培养的现代学徒制试点,完善支持政策,推进校企一体化育人"。同年 8 月,教育部正式出台《关于开展现代学徒制试点工作的意见》,明确指出现代学徒制试点工作内涵,现代学徒制改革试点工作正式进入实质性推进阶段。

目前的实践已初显现代学徒制的一些基本特征,比如学生学徒的双重身份,双导师培养;校企双方共同商讨人才培养方案,共同开发课程教学资源,共同制定实施学徒考核制度。然而同时,我们也注意到许多实践在现代学徒制的核心内涵上践行并不到位[①]。在现代学徒制这一开放系统的构建过程中,内在自组织(政府、学校、企业、学生以及社会支持等)的利益表达、追求以及实现等方面的协同性有所缺乏,甚至抵牾冲突,因而存在现实性困境。

政府:政策资源缺乏持续供给。现代学徒制需要政府政策支持、经费投入等供给侧的持续支撑。虽然教育部、人社部都比较重视现代学徒制的实践,但从国家整体层面来看,还缺乏整体的政策体系的顶层设计;部际府际协同力度不够,还在一定程度上存在"九龙治水"的现象。这些都给现代学徒制的具体操作留下了真空地带,影响了现代学徒制的实施效果。

学校:实施推进缺乏持续有效动力。目前我国现代学徒制的实施主要是依靠院校根据自身发展特色与学校社会资本的运作促合,合作表面之下缺乏深度有效的协调配合与利益共享机制,多数不能摆脱校企割裂的"两张皮"尴尬,或个人情感交流的场域,甚至满足于企业与学校的一纸协议或企业对学校的短期功利性资助。

企业:缺乏深度合作的利益动机。观照国际成功案例,企业是现代学徒制深入开展的主导性因素。从内在动机而言,现代学徒制可以获得更为持

① 刘静慧,关晶.我国"现代学徒制"实践的现状研究:基于 2004—2014 年公开文献的数据分析[J].职教论坛,2015(25):21-27.

久的人力资本与政策优势。但由于我国劳动力市场还存在不规范性，挖墙脚、搭便车等外部性问题仍然存在，很大程度上削弱了企业通过现代学徒制方式提供培训获得人力资本的动机。

学生：在现代学徒制下，学生既是学生，也是与企业订有法律契约的学徒工，不仅可以获得技能的传承，也会得到成长方面的关注。但实践中，“学徒”身份不够明确。学徒的权利义务缺乏界定，实践中存在打“擦边球”的现象，不少学徒与企业并没有协议关系，仅有“拜师仪式”，有的实际上仅是实习生①。

(3) 我国现代学徒制深入推进的发展对策

现代学徒制，使得职业教育传统的学校边界或政府直接管理控制的非市场化边界日渐模糊，使得市场因素融入职业教育，校企合作共生成为必然趋势。职业教育内外社会关系的演变以及主体范围的扩张使得协同治理职业教育，共同推进现代学徒制成为必然选择。但是要让现代学徒制的实践走出现实困境，形成协同治理的良好秩序，则需要形成稳定的利益相关者的利益表达、追求、实现和监督机制，形成基于信任的稳定的契约关系，促进职业教育的真正发展，为我国经济社会发展提供更多的技能人才。

强化政府引导，增加制度规则供给、制约。职业教育中，校企多主体的协同治理，必须建立在政府引导、制度支持与规则制约的基础上。把握人才培养质量政治方向，职业教育以立德树人为根本任务，培养服务于经济社会发展的技能人才。进行顶层设计，制定职业教育相关法律法规，设定国家职业资格框架，通过税收、法律、行政规制等制度供给，引导企业等主体参与现代学徒制，促进职业教育的发展。加强市场监督，制定人力市场等相关规范性文件，消弭外部效应。

培育多元主体，提高协同治理能力水平。职业教育协同治理，需要多元主体共治共享。现代学徒制的推进，进一步模糊了市场与非市场的边界，融合了政府、学校、企业、行业和学生的公共利益，拓展了职业教育的生产链

① 刘静慧，关晶．我国“现代学徒制”实践的现状研究：基于2004—2014年公开文献的数据分析[J]．职教论坛，2015(25)：21-27．

条。这是一个典型的由政府、市场和社会等跨界组织构成的体系，必然是一个慎重选择合作伙伴的过程，是一项颇为复杂的系统性工作，应该遵循目标协同、优势互补、互利共赢、文化耦合等几条原则选择合作主体并建立合作关系，整合、保持并增强社会资源的最大优势[①]。

建立契约信任，实现主体间利益共享。协同治理是以建立秩序稳定的开放系统，实现公共利益为旨归。复杂的系统内各主体应当在契约信任的基础上实现主体间充分的利益表达与利益共享。推进现代学徒制过程中，实现多元主体协同治理、利益共享，就需要各主体之间通过保障制度设计、平等契约签订和道德规范约束等来建立协同信任。只有如此，各主体的利益需求才能实现，现代学徒制才能得以真正走出困境，职业教育才能长足发展，为国家建设提供更多技能人才。

2."教学工厂"的实践建设与探索

工学结合、校企合作是高职教育主要的人才培养模式，因而高职校园文化也要融入行业、企业文化，以文化浸润服务于高端技能人才的培养。目前在校企文化融合与对接的过程中，整体上是学校主动、企业被动，高职校园文化建设仍然是一个相对薄弱的环节。"教学工厂"作为一种合作模式与理念，实现了学校与企业、专业与行业、课程与职业的对接，有效地实现了教学环境与生产环境、学校文化与企业文化的交融，彰显了高职校园文化的特色，实现了校园文化育人的目标。

(1)"教学工厂"内涵阐释

"教学工厂"(NYP 范式)是新加坡南洋理工学院林靖东先生在借鉴德国双元制的基础上建立的一种适合现代社会经济发展和职业技术教育需求的教育模式。它将工厂环境引入学校，在校内建起技术先进、设备完善、环境逼真的教学型工厂[②]，实现理论教学与实践教学的有机结合，最终达到培养学员实践能力、提高学员职业素养的目标。双元制的成功充分吸引了我国

---

① 南旭光，黄成节.高职校企合作协同治理的生成逻辑及实现路径[J].教育与职业，2016(13):23-27.

② 单强."教学工厂"的人才培养模式:S学院案例研究[J].高校教育管理，2009,3(2):16-22.

职业技术教育界的关注，众多高职院校学习取经，并将其成功经验融入学校的事业发展中。

我国高职院校在对“教学工厂”的探索、借鉴与实践中，打破了院校作为人才培养的单一主体传统，确立起“学校＋企业”的“双核”人才培养模式。企业和学校共同制定专业人才培养目标，共同参与专业设计和课程开发，保证专业的职业性与课程的应用性。学院依托“教学工厂”，完成对学生的知识传授、技能训练和素质培养的任务，并借此实现理论教学、校内实训、校外顶岗实习的有机衔接，形成一个校企合作的育人平台，深化校企合作的模式。

(2) 高职院校文化建设现状

近年来，高职院校在从规模跨越、模式转型向内涵提升的发展道路上，校园文化建设也获得了相当的发展，但这种发展源于文化的自发性，使得高职院校文化建设仍相当薄弱。主要表现在如下几点：

过于注重形式，教育性有所失重。校园文化建设需要载体与形式，在活动过程中“化人”，实现教育的功能。但现行的高职校园文化建设过程中，一定程度上过于追求载体和形式，导致了过度形式化。一是缩略成校园文体活动。激情中活跃的文体活动只是校园文化建设的一部分，但频繁的活动组织让学生疲于奔波，专业技能的学习时间和精力受到影响，而学生社团的主体性却没有得到充分的发挥。二是等同于物质文化建设。虽然有不断立起的建筑，不断出现的景观，不断改善的设施，但总是让人感觉到校园里缺少应有的学习氛围与文化气息。三是校园文化建设书面化。很多时候校园文化的建设总是停留在领导的讲话稿中、学校的文件规划里，有着明确的奋斗目标、详细的建设规划，但却缺乏内容的落实或建设成果得不到师生的认可。

职业倾向泛化，技能性内涵失真。高职教育培养的是面向一线的高素质技能人才，在校园文化建设中融入行业元素，引进企业文化，有助于实现培养目标。但对企业文化和职场文化过于推崇，反而会丧失校园文化建设的本真，偏离职业技能教育的内涵，造成学生职业素质和技能培养的障碍。一是有的院系在物资投入、硬件改造、环境布置上，形似教学做合一，但却并不一定适合教学的需要，造成教学资源的浪费；二是有的院系为了所谓的"业绩"，为合作而合作，盲目引进企业及其文化，结果只能是水土不服、文化流产，影响培养质量；三是有些教师自身专业能力及职业技能不足，不能正确引导技能文化的传输，不能发挥校园文化的涵养作用。

建设内容简化，系统性设计乏力。由于高职院校建立的时间不长，很多院校又是易地而建，校园文化的累积较为薄弱，缺乏系统性设计。一是内容雷同，缺乏特色。由于缺少高职类型校园文化建设的参考，很多时候校园文化建设一味参照甚至搬抄本科院校经验，或者脱离所在地域文化和学校发展优势，多数只是形式的单调重复，没有形成特色。二是建设支离破碎，缺乏系统设计。校园文化建设是一项系统的生态工程，并不是说盖几栋楼、运用几项新工艺、做几次讲座、搞几次活动，就是校园文化建设，就是校园文化创新，它需要进行顶层设计，从物质文化、制度文化、行为文化和精神文化几个方面入手，对校园文化建设进行整体设计和推进，形成可持续发展的动力支持。

(3)"教学工厂"模式下高职院校文化的创新

"教学工厂"是一种特殊的教学组织，首先它要承担人才培养的重任，担当技能提升的使命，但同时它也是一种企业组织，需要市场与利润来维持自身的发展。因此，它需要依托学校自身专业与智力发展的校本优势，吸引区域与行业的参与并服务学校发展，才能拥有较好的生存能力。因此，在"教学工厂"模式下，高职院校文化在建设的过程中充分体现了校企文化融合，突破了传统习惯创新发展，有效地服务于高素质、高技能人才的培养。

这种模式创新的主要原则可以归纳为"三本"。一是以人为本。根据加德纳多元智能理论，人的智能具有多元性、差异性、丰富性、发展性等特点。这就要求在校园文化活动中，充分尊重学生，帮助学生激发本有的潜能，帮助学生选择最适合自己智能结构和社会发展的成长成才道路。二是以能力为本。职业性是高职教育的根本属性，它强调以就业为导向，教育瞄准就业岗位，增强教育的适应性和教学的针对性，把能力培训放在首要位置。因此，校园文化活动也要充分体现职业性，把学生的技能培训和职业素养培训放在重要位置，培养能力强、技能高、素质好的高端技能人才。三是以产品为本。“教学工厂”是独特的教学组织，它既要为行业、企业的发展提供高端技能型“产品”，同时也要向市场、消费者提供产品。市场和消费者对于“产品”的质量要求便成为“教学工厂”生产“产品”的质量标准。因此，高职教育在专业设定、课程设置上必须遵循人力市场的需求规律，真正落实到“产品为本”上。

“教学工厂”模式下，高职院校文化自然地与企业文化融合为一体，学生与员工合二为一，成为高职院校文化和企业文化的参与者与建设者。通常情况下，高校院校文化是由四个层面（即物质文化、制度文化、行为文化和精神文化[①]）合成的文化共同体。“教学工厂”模式下高职院校文化的创新建设，可从文化合成的四个层面着手。

在物质文化层面，物质文化是指教育教学、管理服务和生活设施等办学条件方面的物质因素，是校园文化的物质条件，是办学的基础和前提。它主要包括校园内的建筑设计、设施构造、校园景观和工厂内的职业环境、工位设置、操作流程、人员配置等方面的有序布置、优先组合等。其功能是通过物质内容发挥精神作用，通过实体构成的空间保证教育活动和生产性教育过程的顺利展开，起着“环境育人”的作用。

在制度文化层面，制度文化建设属于校园文化建设中的机制建设，它是维系学校正常秩序必不可少的保障机制，具有导向、约束和规范作用。在“教学工厂”内部深化管理制度改革，实行准市场化、企业化运作，建构良性的企业、院、系权责利关系与组织管理机构，提高管理运行效率。学校要对校企合作各事项进行制度化、规范化、日常化和市场化的运行与管理，形成校企合作的保障机制，充分发挥企业在技术、人员、项目、管理制度等方面的教学优势，同时要对传统上学校的组织结构、管理职能和规章制度进行再造，弱化科层化取向，强化专业倾向，加强校企合作部门专职化与职能部门专业化建设，充分发挥院系及专业的功能与作用，推进校企深度合作。

在行为文化层面，行为文化是校园文化主体的行为、活动和习惯以及在此基础上形成的校风、教风、学风。高职院校行为文化建设要紧贴人才培养

① 刘兰明，张金磊．高职教育文化的反思与建构[J]．中国高等教育，2011(18)：40－42.

目标，强化学生的职业素养与职业技能。在“教学工厂”生产性教学过程中，运用5S(具体内容为整理、整顿、清扫、清洁和素养)管理制度，让学生养成自我管理、勤俭求学的良好品质，培养学生的质量意识、节约意识和团队意识，提升学生的职业素养。尝试探索企业化班级管理，在校企合作模式下，按照企业的架构构建班集体，以企业的管理模式进行班级管理，让学生感受企业文化气息，突出学生集体荣誉感和社会责任感，养成良好的职业道德和行为习惯。积极开展技能竞赛、科技创新、社会实践等文化活动，促使学生在竞争中提升技能水平，在应用中增强创新能力，在服务中拓展职业能力，不断提高学生的技能水平与职业素养。

在精神文化层面，精神文化是校园文化的灵魂和核心，是深层次的校园文化。目前多数企业在录用高职学生时更看重学生的敬业精神、团队意识、吃苦耐劳精神、责任感等职业道德素质。高职院校精神文化建设要旗帜鲜明地突出职业道德和职业精神的培养。在生产过程中，学生通过感受工序间的有效配合、工作责任心与产品质量的密切联系，增强责任感、团队精神、质量意识和踏实认真的职业习惯。积极邀请优秀企业家、劳动模范、企业师傅，举办各类技术、技能、技巧和职业、敬业、创业讲座或座谈会，与学生结对辅导，通过榜样模范的言传身教，强化学生职业精神和职业道德的培养，潜移默化地激发学生的求知欲望，逐步建立起正确的世界观、人生观、荣辱观，塑造良好的个性品格。

“教学工厂”是高职校企合作的一种较为深入的模式，是一种职业教育思想的实践。在深度融合的过程中，企业文化和校园文化的碰撞与交融是必然的，关键是要在两种文化的碰撞与交融中形成校企更大的凝聚力与合作力，推进校企合作，促进高职教育的发展和学生的成长。在实践过程中，这种创新实践模式推进了文化认同，这是校企合作的共同基础，也是核心利益所在[①]。校园文化注重社会效益，追求的是优秀人才的培养；而企业文化注重经济效益，追求的是良好的生产利润。不争的现实是高职院校需要不

① 陈锡宝，朱剑萍.高职校企合作的核心价值与文化认同[J].上海城市管理，2011，20(6)：70-71.

断培养高素质的应用型人才，企业则不断需要高素质的技能型人才。只有形成校企合作、共育人才的价值认同和文化认知才可能确保校企合作的有序、健康、可持续发展。这种创新实践模式促成了文化融合，高职院校是开放的、互动的，应当充分发挥教师和学生的主体作用，主动把企业文化中的积极内容纳入高职院校文化的结构要素之中，通过校园文化与企业文化的相互作用、优化组合，形成一个良好的教育环境，提高学生的职业能力和职业素养，实现高职教育输出与企业人才需求的有效对接。这种创新实践模式坚持了文化发展，学校要充分意识到文化的融合是一个由表及里的长期的过程，要经过长期的历史积淀、选择和凝铸，而且一经形成，便会具有相对独立性，推动学校的发展和人才的培养。因此文化的融合不能急于求成，而应当是系统化设计、循序渐进。企业是高等职业教育的直接服务对象，不能把校企合作简单地功利化，要主动参与人才培养；高职院校要克服校企合作中的短视行为，树立科学发展观，主动适应企业需要，密切与行业企业的合作。

第三节　项目式引领文化建设的校本探索

正如前文所述，中央和地方政府在履行举办主体责任过程中，往往通过质量工程、示范院校、骨干院校、优质学院、提优工程、高水平院校、卓越院校等系列建设项目的形式，将政府发展愿景、市场发展期望等以财政绩效的形式，赋能于项目竞争成功院校，以期其在某一行业领域、院校内涵提升、职教品牌影响等方面实现较大的发展。而对于院校而言，通过系列项目的成功建设，获得更多的政策资源与物质资源，实现院校自身发展质量的提高、社会贡献度的提升，进而提高院校自身的文化影响力与社会美誉度，从而在百舸争流中更优一筹。

笔者所在学校在近十年的发展过程中，不断地参与各类项目的竞争，通过项目建设获得更多资金、政策资源，如国家示范性高职院校建设、省高水平高职学校建设、“双高计划”A 类专业群建设等，学校的办学实力得到了进一步提升，同样学校的文化影响力也得以提升和彰显。例如，通过国家示范性高职院校建设，学校建成逾 8 000 平方米的建筑技术馆，是集建筑技术展陈、实训、传播等功能于一体的文化传输传播场所，在国家示范性高职院校建设成果验收时，专家称其为建筑类院校建设的标杆。在此基础上，学校统筹建筑技术馆等校内建筑类实训场所，建成市、省、国家三级建筑类科学文化普及教育基地，成为区域中小学科普教育、同类院校参观交流以及专家学者访问考察的重要场所。

1. 在江苏省高水平高职院校建设中筑美文化校园

2019 年，学校先后入选江苏省高水平高职院校、卓越高职院校建设项目，将连续 5 年获得 2 000 万元建设经费支持，学校新一轮内涵建设与文化提升项目启动。本轮高水平院校建设，以服务国家和地方发展战略为主题，以产教融合为主线，全面推进办学体制机制创新和教育教学综合改革，创新、重构、集成既有的校园形态和办学形态，创建一个基于建筑类专业特点的、体现“面向人人、面向社会”理念的、具有中国特色的现代高职教育新形态——人本化、职业化、智能化、国际化、生态化的“现代职业教育教学社区”。

现代职业教育教学社区是上承中国高等教育学校教育特色（学生住校），外借美国社区学院职教功能与新加坡“教学工厂”理念，下接校本建筑类专业特色与师生同住校园生态，突出现代职业教育服务学生发展，具有多元性、集聚性、共生性、国际性、泛在性、体验性六大属性的教学共同体。多元性——办学主体多元：社会力量参与教学社区的教育教学活动，协同相关院所开展科研合作，衔接中职、本科院校开展衔接培养；集聚性——教学要素集聚：围绕专业集群和高水平专业，教学社区中的教学场所、实验实训场所、教学团队、教育教学资源、线上线下资源等要素集聚；共生性——育人系统共生：教学、学习、实训、创业、展示等功能相融合的，呈现产学研训创一体化的教学场景；国际性——质量国际等效：对标《悉尼协议》，实现能力标准、课程结构、证照、教学团队和学生的国际化；泛在性——网络学习泛在：基于数字课程资源中心与翻转资源中心的虚拟教学社区，实现学生的自主学习、个性化学习；体验性——情景体验真切：教学场所和学习环境注重人文关怀，学生参与度高、体验感强①。

在现代职业教育教学社区建设过程中，学校围绕建设高水平、有特色、具有国际水准的全国一流高职名校办学目标，以立德树人为根本，以服务发展、促进就业为办学方向，以能力提升为核心，以“筑美”文化为魂，着眼于“职教文化创新领航者、区域文化集成光大者、师生精神家园集聚共享者”的目标，系统设计推进学校特色文化品牌提升工程，为现代职业教育教学社区发展提供强大的精神动力和文化支撑。作为文化建设实践项目的牵头单位，笔者所代表部门具体负责学校特色文化品牌提升工程项目的规划内容与时效进度的修订编制，主要从制度精神、思想文化、物质环境、育人载体等方面进行设计。

在制度文化保障方面，首先要强化党对学校工作的全面领导，坚持党建引领，推动全面从严治党向纵深发展，把制度建设贯彻始终，坚持管大局、把方向、做决策、保落实，为现代职业教育教学社区建设提供坚实的政治保证。贯彻落实学校党委领导下的院、校长负责制，完善学校章程引领下的学校内部治理体系，推进健全完善学术委员会、教授委员会和基层民主管理机制，建立现代大学制度。围绕立德树人根本任务，重点围绕产教融合、校企合作、工学结合办学机制改革，混合所有制推进，质量保障体系建设等，科学推进制度“破改立”，全面梳理学校办学制度成果，建立健全现代职业教育教学社区有效运行机制。

在思想文化引领方面，以习近平新时代中国特色社会主义思想为指导，进一步落实习近平总书记在高校思想政治工作会议上的讲话精神，以以文化人为工作核心，以社会主义核心价值观引领知识教育，深化意识形态工作责任制，推进思政课程与课程思政同向同行。强化党的思想建设对青年学子的思想引领作用，逐步构建校(院)党校培训，青年马克思主义工程“两校”“两级”，学生干部、入党积极分子、预备党员、党务骨干“四重点”的“224”校内思想培训体系。着力加强工匠精神培育，以职业精神为重点，推进“四进”

① 有关“现代职业教育教学社区”概念阐释引自本校 2019 年《江苏省高水平高等职业院校建设方案》。

（大国工匠进校园、工匠精神进实训、企业文化进专业、职业文化进课堂）工作，切实提升学生职业技能与职业素养。

在物质环境熏陶方面，突出先进文化、区域文化、传统文化的潜在育人作用，充分利用教室公共空间、宿舍生活空间等环境设计一批精致育人文化景观，建设一批文化育人场馆；传承学校军校文化、煤炭文化、建筑文化等校本文化，充分发挥优秀校友榜样引领作用这一教育资源，将其融入课程教育，通过校史馆展、讲座论坛、文化板块、就业创业等途径，形成一批校本文化育人成果；充分利用校园文化阵地科普教育作用，推进建筑技术馆、智慧城市馆等升级改造，发挥国家、省、市三级科普基地辐射作用，增强学校建筑特色文化的社会服务效应。

在育人载体巩固方面，强化文化成果宣传阵地建设，充分运用信息化手段，利用“报网两微”等校园媒体阵地，打造新媒体文化矩阵，积极扩展校外尤其是主流媒体宣传效应，进一步扩大学校内涵建设与文化育人成果的社会影响力，提升学校文化美誉度。夯实文化成果培育组织基础，实施分类指导，引导社团发展，激发社团活力，着力打造一批精品社团，深化“挑战杯”赛、“双创”项目、社会实践等活动阵地建设，加强课程实践活动的教育效果，探索社会实践育人新成效。深化文化育人成果研究，抓住“育人”关键，梳理校企“双主体”育人、思想政治教育“十育人”方面形成的特色经验成果，提升办学内涵与办学质量，深入探索文化育人的实践成果。

学校在高水平院校项目建设过程中，陆续建成了一批重要的文化育人场所，如升级改造后的建筑技术馆、智慧城市馆、中国礼射文化展览馆等，进一步丰富了学校建筑文化科普教育、传统文化研习传承的内容与价值。

其中，中国礼射文化展览馆是目前唯一以传承和弘扬礼射文化为主旨的高校场馆。它于2017年开始规划筹建，按照器物陈列、区域展示、浸入体验三个功能区划逐步建设，于2021年6月26日正式对外开放。展览馆与学校射艺场“一场一馆”互为配衬，与清华大学礼学研究中心开展学术交流，凝聚学术资源，组织召开礼射研讨国际学术会议，开展区域礼射文化研究与技艺传播，开设礼射文化课程，开展礼射学生社团活动，同时拓展社会资源，承办全国大学生射艺比赛、在徐射艺联盟比赛等赛事，依托徐州礼学学会深入中小学、社区等，传播传统礼射文化。

2. 在“双高计划”建设中深化以文化人

2019年底，学校入选第一批中国特色高水平高职学校和专业建设计划项目，获批A类专业群(建筑装饰技术专业群)建设计划。通过项目建设，紧密对接建筑产业升级，深化职业教育综合改革，在打造建筑业技术技能人才培养高地、创新技术技能服务途径与手段、建设高水平专业群、建设高水平“双师”队伍等重点领域深化改革，在推进产教融合重构高职教育生态、试点国家资历框架建设、推动“互联网＋职教改革”互融共生、实现建筑类高职教育标准国际输出等主要场域进行探索突破，创建体现“育训结合、德技并修、面向人人”理念、支撑建筑业绿色发展的“现代职业教育教学社区”办学新形态[①]。

在获批A类专业群建设计划项目后，学校以建筑装饰技术专业群建设为统领，整合融合学校内部建筑装饰、建筑建造、建筑智能、智能制造、艺术设计等相关专业资源，在促进学校专业建设内涵提档升级、推动技能人才培养质量提升的同时，就如何进一步提升高技能人才综合素养，深入开展以文化人工作，把立德树人根本任务落到实处进行系统设计与实践探索。这种深化以文化人的探索与实践，在强调德技兼修、育训结合的基础上，通过特色品牌文化的塑造，激活学校内部治理体系的活力动力，推进立德树人根本任务落实落小落细，确保技术技能人才培养的政治方向与职业适应性，不断提升人才的综合素质。

全面加强学校党的建设，保证以文化人的政治方向正确。实施“双高计划”，主要是为国家经济社会转型发展提供高素质技能人才，培养堪当时代大任的社会主义现代化事业的优秀建设者和合格接班人。这是我们立德树人根本任务的本质要求。这需要我们在开展“双高计划”建设、加强A类专业群建设时，充分落实好“12356”要求。1：“一个统领”，要全面加强学校党的建设，统领“双高计划”建设重要改革发展任务，充分发挥学校党委的领导核心和政治核心作用，牢牢把握意识形态主动权，将党的建设与学校事业发

① 引自本校《中国特色高水平高职学校和专业建设计划建设方案》。

展同部署、同落实、同考评，保证学校事业发展与技术技能人才培养的社会主义方向；2："二级主体"，适应新时代职业教育高质量发展要求，适应职业教育需求主体和学情多样化趋势，尊重并激活二级学院党组织的创造力与创新力，推进基层党建工作创新开展，通过样板党总支、党支部创建、"双带头人"培育等工程实施，在"双高计划"建设干事创业中充分发挥党支部战斗堡垒、党员先锋模范作用；3："三全育人"，深入推进习近平新时代中国特色社会主义思想进教材进课堂进头脑，大力开展理想信念教育和社会主义核心价值观教育，构建全员全过程全方位育人的思想政治工作格局；5："五育并举"，坚持德技兼修、育训结合，用社会主义核心价值观引领知识教育，培养德智体美劳全面发展的社会主义劳动者；6："六大战略"，深入推进学校事业发展"六大战略"，把"双高计划"建设主要任务与具体举措作为当前阶段深入推进学校高质量发展的重要抓手，进一步深化学校内涵建设，为建筑行业转型发展提供更多高素质技术技能人才。

打造技能人才培养高地，增强以文化人的职业适应性。坚持产教融合、校企合作，突出人才培养工作的中心地位，以现代职业教育教学社区为依托，将社会主义核心价值观融入人才培养的全过程，实行价值塑造、能力培养、知识传授、技能培训"四位一体"的人才培养保障体系。要围绕立德树人根本任务，开发高素质技术技能人才德育培养标准，形成现代职业教育教学社区的德育课程体系，创新推进思政课程和课程思政同向同行，全面提升思政教育质量，占领思想政治教育新高地。依托现代职业教育教学社区优势，创新人才培养培训模式，集聚教育教学资源新平台，推进学生职业精神、职业习惯和职业素养教育平台建设，加强学生认知能力、合作能力、创新能力和职业能力培养。大力弘扬劳动精神、工匠精神，将工匠精神融入专业课程日常教学中，建设适应高职学生成长成才的分层劳动教育模式，构建综合素质培养新体系。

系统推进文化育人实践，提升以文化人的实践成效。推进开展"双高计划"建设，要"全面贯彻党的教育方针，坚定社会主义办学方向，完善职业教育和培训体系，健全德技并修、工学结合的育人机制，服务新时代经济高质量发展，为中国产业走向全球产业中高端提供高素质技术技能人才支撑”①。虽说近年来高职毕业生的就业率相对较好，但是面对中国智造发展需求，在传统产业改造走向中高端和中高端现代产业发展对高技能人才需求旺盛的时代背景下，我们高职教育对高素质技术技能人才的培养则需要承担更大使命、更重责任。根据笔者所在学校近年来委托第三方对用人单位的跟踪调查结果来看，用人单位在强调毕业生专业技能时更加重视学生的综合素养，例如沟通与人际交往、协作与团队合作能力等。这就要求我们高职院校不仅要培养学生拥有产业转型发展所需的一技之长，更要重视学生综合素养的培养和提升。这不仅仅是办人民满意的职业教育，更是帮助学生个体创造更加出彩人生。大学文化是中国特色社会主义文化的重要组成部分，是大学的精神和灵魂，是人才培养的重要载体和基本要素。在近年来的“双高计划”建设项目的落实推进中，为把立德树人根本任务落实得更好，学校持续推进文化育人、以文化人实践，把校本特色“三个文化”融入人才培养全过程，不断提升学生综合素养，以“四项融入”推动以文化人纵向到底，即融入学生培养方案，引领学生成长方向，融入学生实践过程，提升学生职业素养，融入学生教育管理，增强学生综合素质，融入学生成长环境，营造浓郁文化氛围。用“四种文化”推动文化育人横向到边，即用先进文化、红色文化、传统文化和校本文化来丰富校园文化生活，引领学生健康成长。近年来，学校先后投入数千万元资金先后改造升级建筑技术馆、智慧城市馆、中国礼射文化展览馆、校史馆、大学生文化素质中心、大学生工程素养中心、大学生思想政治教育基地等文化场所，用好校本历史资源、淮海战役精神等区域红色资源，射艺等传统文化及非遗资源以及建筑行业实训科普资源，让每一届学生到场馆里参观学习，感受习近平新时代中国特色社会主义思想的理论伟力，学习中国共产党领导中国革命取得的伟大成就，领略中国礼射及优秀传统文化的历史魅力，了解学校40多来年的发展变迁史，掌握建筑行业发展前沿技术信息。建好“四支队伍”引领保障学生健康成长，即学业导师、思想导

① 教育部财政部关于实施中国特色高水平高职学校和专业建设计划的意见[EB/OL].(2019-04-01)[2022-06-13]. http://www.moe.gov.cn/srcsite/A07/moe_737/s3876_qt/201904/t20190402_376471.html.

师、生活导师、创业导师，围绕学生专业课程学习、日常思想生活以及创业就业等，做好学生成才成长的引路人、护路人、知心人、贴心人。

改革学校内部治理体系，夯实深化以文化人的组织基础。“双高计划”建设院校的文化建设是没有物理或地理边界的。从职业教育与培训开展的主体来看，无论是初次教育还是继续教育，主要有工作(企业)本位、学校本位或是培训机构主导。现代职业教育培训都是多主体合作开展。我国主要是学校本位的职业教育模式。高职院校在推进文化建设过程中也必然面临校企等不同主体文化的冲突与融合问题。正如美国学者福莱特所说，我们应该将冲突视为一个组织中任何活动的一个正常过程，它存在于相互作用的期望之中，并非只是具有破坏性，也可能成为组织健康的标志和进步的象征[①]。

对外，开放、交融是高职院校进一步加强文化建设的途径，职业教育是跨界的，这不仅是微观层面上校企合作事宜，在宏观层面上也离不开政策制度与法律法规的支撑。近年来职业教育政策制度频繁出台，实质上是政府在履行办学主体责任，这更加呼吁我们市场主体、行业企业主体在职业教育方面承担应尽的社会责任。对内，深化院校内部治理体系改革，提升治理效能，进一步赋权赋能，激活内部主体活力，这是我们深化以文化人的组织基础。利用“双高计划”建设项目，在现代职业教育教学社区的基础上，面对产教融合、育训结合、“1+X”的改革要求，完善以章程为统领的现代职业学校制度，形成以多元协同、信任互惠、系统协作为基础的治理体系，为“双高计划”的实施提供制度与体系保障；坚持行业、企业的主体参与地位，建成产教深度融合背景下利益相关方的命运共同体；突出二级学院办学主体地位，落实“放管服”，扩大办学管理自主权，建成多类型的二级学院新办学业态?

在优化重构学校内部治理体系方面，需要基于类型教育转变，坚持“产教融合、育训结合”，完善学校章程，明确扩招、职业技能提升行动等背景下新增主体的权利义务。遵循职业教育规律和师生成长规律，按照有利于职业教育、职业培训、社会服务等功能发挥的原则，对原有普通教育办学模式

---

① 丁煌. 西方行政学说史[M]. 修订版. 武汉：武汉大学出版社，2004：134－135.

下的各项事权、功能划分，按照类型教育需求、发展生长点培育等进行系统化集成，形成教学运行保障系统、学生成长支持系统、教师发展学院系统、社会培训服务系统、育训质量监督系统等。围绕教学运行、学生成长、教师发展、质量监督、合作服务等主要系统环节，建成基于信息化的服务流程平台，加强自我管理、自我约束。

要健全完善行业企业融入院校内部治理机制。建设完善理事会制度机制建设，发挥行业企业参与咨政作用，在学校发展目标、重大战略规划、办学资源筹措、社会合作服务等方面参谋议事、咨询辅助；发挥参与监督作用，提升教育督导功能，引入由行业企业、社会组织、学生等参与的第三方评价，推进质量螺旋式改进，形成人才培养质量、社会服务成效、办学综合效益等方面的多元多层监督评价。强化学术权力的治学作用，提高行业企业技术人员参与决策的能力，发挥其在专业建设、教学管理、职称评审、项目评比、创新服务等方面的决策建议作用。建成校院两级专业建设委员会，健全专业设置基本标准体系，建立基于产业链的专业(群)调整机制，完善基于招生就业质量的专业警示管理办法，定期评估专业(群)建设效果，常态调整专业(群)设置。设立教材选用委员会，把落实立德树人根本任务放在首位，明确不同类型课程教材建设标准，突出技术技能人才培养、培训，建成校企合作、工学结合背景下的教材研究、开发、使用、检查、评价的一体化建设体系。

要激活二级学院多类型发展，推进"放管服"和治理结构重心下移，落实人事管理和科技管理新政，深化财务、用人等方面的改革，综合运用职称评审与绩效评价等手段，坚持底线公平，推行多劳多得、优绩优酬，通过"目标引领，任务驱动，成果导向，绩效考核"的激励机制，实现责权利与资源集聚，激活基层办学的活力。在优势学院、品牌专业(群)上，探索混合所有制，实现产教融合一体，校企共生发展；在市场催生的新学院、专业(群)上，探索市场化发展道路，形成稳定的自我造血功能、稳固的核心雇主群体；在传统学院、长线专业(群)上，自我革新提升内涵，努力建成服务型单位。

参考文献

一、普通图书

[1] 习近平.习近平谈治国理政:第三卷[M].北京:外文出版,2020.

[2] 教育部思想政治工作司组.高校校园文化建设理论与实践:2011[M].北京:中国人民大学出版社,2011.

[3] 冯刚,孙雷.新时代高校校园文化建设概论[M].北京:光明日报出版社,2019.

[4] 莱夫,温格.情景学习:合法的边缘性参与[M].上海:华东师范大学出版社,2004.

[5] 凯兴斯泰纳.凯兴斯泰纳教育论著选[M].北京:人民教育出版社,2003.

[6] 西伦.制度是如何演化的:德国、英国、美国和日本的技能政治经济学[M].上海:上海人民出版社,2010.

[7] 罗西瑙.没有政府的治理:世界政治中的秩序与变革[M].南昌:江西人民出版社,2001.

[8] 赫梅尔.今日的教育为了明日的世界:为国际教育局写的研究报告[M].北京:中国对外翻译出版公司,1983.

[9] 翟海魂,柳靖.规律与镜鉴:发达国家职业教育问题史[M].北京:北京大学出版社,2019.

[10] 黄炎培.职业教育论[M].北京:商务印书馆,2019.

[11] 贺国庆,朱文富.外国职业教育通史[M].北京:人民教育出版社,2014.

[12] 陈振明.公共管理学:一种不同于传统行政学的研究途径[M].2版.北京:中国人民大学出版社,2003.

[13] 丁煌.西方行政学说史[M].修订版.武汉:武汉大学出版社,2004.

[14]《中国煤炭高等教育史》编写组.中国煤炭高等教育史:1949—1999[M].徐州:中国矿业大学出版社,2001.

[15]《徐州建筑职业技术学院校史》编审委员会. 徐州建筑职业技术学院校史:1979—2009[M]. 徐州:中国矿业大学出版社,2009.

[16]《江苏建筑职业技术学院校史》编审委员会. 江苏建筑职业技术学院校史:1979—2019[M]. 徐州:中国矿业大学出版社,2019.

二、期刊论文

[1] 黄慧. 徐州红色基因的梳理提炼与传承发展研究[J]. 太原城市职业技术学院学报,2020(12):67 - 69.

[2] 刘远,俞书伟. 基于历史数据的煤炭高等教育发展研究[J]. 当代教育实践与教学研究,2016(6):46 - 48.

[3] 李增全. 改革开放四十年的中国煤炭高等教育[J]. 煤炭高等教育,2019,37(1):2 - 6.

[4] 邹京生. 煤炭职业院校管理体制调整后教育现状分析[J]. 煤炭高等教育,2003,21(4):105 - 107.

[5]《中国职教学会》期刊编委会调研组. 面对死亡的困局:关于煤炭职业技术教育的报告[J]. 职业技术教育,2005,26(27):14 - 22.

[6] 汪建武. 高校校友资源开发与利用研究[D]. 长沙:湖南大学,2007.

[7] 石慧霞. 需求与回应:处于母校和校友之间的大学校友会[J]. 复旦教育论坛,2000,2(4):66.

[8] 黄文辉,刘敏文. 一流大学建设中校友工作的探索与实践[J]. 清华大学教育研究,2000,21(3):148 - 151.

[9] 贺美英,郭樑,钱锡康. 对高校校友资源的再认识[J]. 清华大学教育研究,2004,25(6):78 - 82.

[10] 李居忠. 高校校友资源问题思考[J]. 理论学习,2005(11):47.

[11] 赵新. LG大学校友工作管理体系研究[D]. 济南:山东大学,2008.

[12] 和霄雯,程化琴. 中美大学校友会发展的比较研究[J]. 教育探索,2009(2):141 - 143.

[13] 雷明顿. 职业教育与培训中的企业—政府合作:俄罗斯的"双元制"教育实验[J]. 北京大学教育评论,2016(7):34 - 67.

[14] 胡方霞. 高职项目制治理:价值、困境与路径[J]. 职教论坛,2017(1):

41－47.

[15] 刘云波.国家示范性高职院校带动周边院校发展了吗[J].北京大学教育评论,2019(7):41－62.

[16] 罗茨.新的治理[J].马克思主义与现实,1999(5):42－48.

[17] 俞可平.全球治理引论[J].马克思主义与现实,2002(1):20－32.

[18] 李汉卿.协同治理理论探析[J].理论月刊,2014(1):138－142.

[19] 孙萍,闫亭豫.我国协同治理理论研究述评[J].理论月刊,2013(3):107－112.

[20] 田培杰.协同治理概念考辨[J].上海大学学报(社会科学版),2014,31(1):124－140.

[21] 关晶.西方学徒制研究:兼论对我国职业教育的借鉴[D].上海:华东师范大学,2010.

[22] 胡秀锦."现代学徒制"人才培养模式研究[J].河北师范大学学报(教育科学版),2009,11(3):97－103.

[23] 刘静慧,关晶.我国"现代学徒制"实践的现状研究:基于2004—2014年公开文献的数据分析[J].职教论坛,2015(25):21－27.

[24] 南旭光,黄成节.高职校企合作协同治理的生成逻辑及实现路径[J].教育与职业,2016(13):23－27.

[25] 单强."教学工厂"的人才培养模式:S学院案例研究[J].高校教育管理,2009,3(2)16－22.

[26] 刘兰明,张金磊.高职教育文化的反思与建构[J].中国高等教育,2011(18):40－42.

[27] 陈锡宝,朱剑萍.高职校企合作的核心价值与文化认同[J].上海城市管理,2011,20(6):70－71.